中华馆藏镇馆之宝丛书

浙江省博物馆

镇馆之宝

主　编：陈　平

副主编：乐　骏

撰　稿：乐　骏　吴琳琳　裴媛媛

摄　影：郑旭明　高　玲

中国青年出版社

（京）新登字083号

图书在版编目（CIP）数据

浙江省博物馆镇馆之宝/陈平主编.—北京：中国青年出版社,2016.1
（中华馆藏镇馆之宝丛书）

ISBN 978-7-5153-3952-8

Ⅰ.①浙...　Ⅱ.①陈...　Ⅲ.①博物馆–文物–介绍–浙江省　Ⅳ.①K872.55

中国版本图书馆CIP数据核字（2015）第270044号

出版发行：中国青年出版社
社　　　址：北京东四十二条21号
邮政编码：100708
网　　　址：www.cyp.com.cn
编辑电话：(010) 57350519
选题策划：韩亚君
责任编辑：张　皓　cypzhanghao@163.com
门市部：(010) 57350370
印　　　刷：鸿博昊天科技有限公司
经　　　销：新华书店

开　　　本：710×1000　1/16
印　　　张：16.5
字　　　数：190千字
版　　　次：2016年1月北京第1版第1次印刷
定　　　价：50.00元

本图书如有印装质量问题,请与出版部联系调换
联系电话：(010)57350337

序

　　始建于1929年的浙江省博物馆，是中国最早建立的博物馆之一，是浙江省内最大的集教育、收藏、研究于一体的现代化综合性人文科学博物馆，同时又是"国家一级博物馆"和"中央地方共建国家级博物馆"。

　　浙江省博物馆现有馆藏文物10万余件。单从藏品数量来看，与收藏宏富的大馆相比，浙江省博物馆算不上出类拔萃，若从藏品特色来看则毫不逊色。以稻作文化为特征的河姆渡文化，实证中华文明起源最具规模和水平的良渚文化，"春秋五霸"之一的越国文化，"青瓷故乡"的原始瓷和越窑、龙泉窑、南宋官窑等青瓷，明清浙籍书画家浙派、武林画派、海派以及近现代浙江籍书画家的作品等，都是闻名遐迩的经典藏品。以汉代会稽镜和宋代湖州镜为主的浙江铜镜、以浙江佛塔出土文物为基础的浙江佛教艺术品、南宋金银货币、明清经济史料和以古琴、"三雕一塑""十里红妆"等为载体的浙江非物质文化遗产代表性藏品又为馆藏锦上添花。这些藏品浓缩了浙江悠久的历史、灿烂的文化，多层次、多角度地展示了浙江古代在政治、经济、文化、科技、思想等领域所取得的辉煌成就以及在人类文明发展史上的巨大贡献。以地域文化为主的系列收藏，令浙江省博物馆的藏品个性鲜明，独树一帜。

　　每件文物都有它稀有珍罕之处，都有它特定的历史内涵和文化价值。评宝并非我们的初衷，借助"评宝"的活动形式，引导公众思索当代人如何观看历史、欣赏艺术，如何判断历史艺术的价值，这才是我们的终极目的。这样的想法催生了"浙江省博物馆十大镇馆之宝",于是在2009年浙江省博物馆80周年庆之际,"浙江省博物馆十大镇馆之宝"评选活动隆重推出。短短一个月的评选,我们收到了来自社会各界公众的投票,公众参与热情之高超乎想象。公众投票的结果与专家的评选意见不谋而合,出奇的一致,公众品鉴文物水平之高超乎想象。就这样,"浙江省博物馆十大镇馆之宝"最终从30件候选文物中脱颖而出,河姆渡文化双鸟朝阳纹象牙蝶形器、良渚文化玉琮、春秋伎乐铜屋、战国越王者旨於睗剑、唐落霞式"彩凤鸣岐"七弦琴、五代·吴越鎏金银阿育王塔、北宋彩塑泥菩萨立像、元黄公望《富春山居图》(剩山图)、元龙泉窑青瓷舟形砚滴、清末民初宁波"万工轿"代表各历史时期、涵盖了藏品多个门类的10件经典藏品当选。

今天,"浙江省博物馆十大镇馆之宝"被编入《中华馆藏镇馆之宝》丛书。本册丛书属文物普及读物,是由长期工作在讲解岗位上的讲解员撰写的。这些讲解员文物知识扎实深厚,经年累月与公众沟通交流,深谙公众所想所需,懂得深入浅出地解读文物承载的历史文化信息。相信这样的作者更能满足广大文物爱好者的阅读需求,这样的读物更容易被广大读者追捧。

让文物活起来,讲好文物故事,是公众对博物馆的要求,也是博物馆努力的方向。让"浙江省博物馆十大镇馆之宝"更加充分地发挥品牌效益,让更多的人去了解它们、欣赏它们,从而更大范围内发挥它们的价值。这是我们浙博宣教工作者能做的、该做的和很乐意做的事。

编　者

镇馆之宝

CONTENTS

目 录

镇馆之宝

目 录

CONTENTS

镇馆之宝

目 录
CONTENTS

镇馆之宝

目 录

CONTENTS

❶ 跨过原始艺术之门
——河姆渡文化双鸟朝阳纹象牙蝶形器

名　　称：双鸟朝阳纹象牙蝶形器

文物级别：一级

类　　别：牙骨角器

材　　质：象牙

年　　代：河姆渡文化（距今7000～5300年）

规　　格：长16.6厘米，残宽6.3厘米，厚1.2厘米。

推荐理由：新石器时代罕见的牙雕，具有极珍贵的艺术与历史价值。

蝶形器外形似蝴蝶，并因此而得名。

蝶形器往往两翼展开，上端较平，下缘圆弧，正面微微呈弧面凸起，错磨平整、光滑；背面中部有两道平行的纵向突脊，两脊之间形成一道上端不通的凹槽，脊上部往往有钻孔，两翼上端还常有横脊或钻孔。蝶形器有石质、骨质、木质等多种质地。

河姆渡遗址两次发掘共出土蝶形器35件，其中象牙质蝶形器共6件，"双鸟朝阳纹象牙蝶形器"是其中最精美者。

神鸟现世

　　毛泽东曾说过："人类的生产活动是最基本的实践活动，是决定其他一切活动的东西。"

　　我们的早期先民在长期的生产劳动中创造了语言、提高了技能、增长了才智。随着社会生产力的不断提高，由于工具的制作而对物质材料的驾驭以及对形式感获得一种巨大敏感时，它就渐渐引起了一种崭新的审美需要：人不再满足于日用器物的制作，甚至也不满足于器物造型本身的美，而要想方设法在器物上添加一定的纹饰或从事一种主要服务于装饰目的的器物的创造，于是出现了原始古朴的文化艺术。

正面　　　　　　　　　　　　　　　背面

双鸟朝阳纹象牙蝶形器

河姆渡遗址博物馆一景

　　在分布于浙江余姚姚江两岸的宁绍平原的河姆渡就出土了众多的原始艺术品，它们中的绝大多数是以装饰艺术出现的。古代先民在实用的生活用器表面装饰上花纹或雕刻成图像，既实用又美观。这些原始艺术品不仅数量大、门类全，而且题材广泛、造型独特，内容也丰富多彩。

　　走进今天的河姆渡遗址博物馆，馆内一处巨大的石雕前总是有许多游客争相留影。石雕被搭建得像是一扇大门，上方那刻有神秘图案的巨大石构件的原型是浙江省博物馆"镇馆之宝"之一的"双鸟朝阳纹象牙蝶形器"。它正是这种原始艺术的完美展现，是一扇通往原始艺术的大门。

学术界公认为新中国成立以来最重要的考古发现之一，在中华文明中起到奠基作用，被余秋雨先生称为改变人类史观的河姆渡文化，在经历了 1973 年 11 月至 1974 年 1 月、1977 年 10 月至 1978 年 1 月先后两次发掘后为世人所共知。

在第一次野外考古发掘工作结束后，考古专家获得各类文物达 1600 多件，其中包括出土了大量的人工栽培稻谷，因此，当消息传出后，立即轰动了国内外学术界。第二期考古发掘期间，国内多位著名的考古学家、古建筑专家都亲临考古发掘现场，为考古队提供帮助和指导。更有专家干脆就住在了考古工地的工棚内，进行实地考察与现场指导。解放军空军某部还派出直升机，协助考古队进行空中拍摄。浙江电影制片厂则来到现场摄制录像，后来制成彩色纪录片《河姆渡文化》向海内外发行。

河姆渡遗址博物馆一景

这样的考古阵容和规模在今天看来虽不能说是绝后，但在当时真可以说是空前了，是当时浙江有史以来规模最大的一次考古发掘。这次考古发掘中出土的各类文物多达 4712 件，并揭露出大片的木结构干栏式建筑遗迹及大量的动植物遗存。

正是在这次规模空前的第二期考古发掘过程中，考古专家在一处编号为 T226 的探方中找到了这件"双鸟朝阳纹象牙蝶形器"。这件蝶形器是河姆渡文化蝶形器中选料最讲究、制作最精美、纹饰最详尽的一件。它的正面磨光后阴刻了一组图案。图案的中心钻有一个小圆窝，以这个小圆窝为圆心，外刻5道同心圆，外围再刻上了"火焰"纹，象征烈日火焰，象征着太阳的光芒。火焰两侧各刻有对称的回头望顾的鹰嘴鸟一对，伸脖昂首相望的姿态惟妙惟肖。鸟头中心的小圆窝作为眼睛，鸟头上部两侧各钻有不等距的小圆孔两个，下侧各钻了一个小圆孔，圆孔间用斜线和弦线组成的连弧纹作为鸟身及鸟尾，线条洗练简洁。整个画面形象逼真、传神，寓意则深奥且耐人寻味。这是河姆渡原始艺术中的精品，甚至有专家认为它已具有我国传统花鸟画的雏形了。

线描图

纹饰之谜

　　今天世人在欣赏这件精美的原始艺术品的时候，常常会被一个疑问所困扰，那就是：数千年前的古人们为什么要刻画这样一幅画面？画面表达了什么含义？

　　很遗憾，由于时间久远，加上河姆渡文化时期也没有文字，关于画面上图案的含义也就没有确切的记载了。今天有的只是众多专家的各种推测。

　　我们首先来看双鸟朝阳纹象牙蝶形器上图案中心部位的圈纹。

　　关于这一组由多个同心圆组成的圈纹，学术界目前主要有3种解释意见：

　　一是"蛋卵说"。这一派的专家学者认为两只鸟之间的圆圈是"鸟生之卵，正是鸟卵才引出生殖和繁衍"。他们认为图案中鸟卵中心有一圆点，示意这枚卵是受精卵，环绕在卵周围的纹样不是火焰纹，而是河姆渡人对孵卵热温的夸张反映。牙雕上的双鸟可能就是《博物志》中所说"雌雄相视则孕"的白鹢；也可能是《山海经》中有所提及，后来又被人们用来比喻爱侣形影不离的比翼鸟。当然，用现代科学知识来解释这样的画面是否可取还有待商榷，毕竟在六七千年前的河姆渡人是否已经懂得受精卵及孵卵所需的热温等有关鸟的生育繁殖原理，目前于史无征。

　　二是"水涡纹说"。支持这种说法的专家把河姆渡文化早期器物上的涡纹划分成了 3 种形态：单圆形涡纹、同心圆圈纹和重螺旋纹，并认为这 3 种涡纹虽然形态不同，但都形象地表现了遗址周围的沼泽环境，是河姆渡人对自然现象——水涡的临摹。这种水涡纹之所以成为河姆渡器物上重要的装饰纹样，并且在整体图案中常居于重要位置，其原因就在于河姆渡文化早期，人们对沼泽的膜拜是非常虔诚的。这不仅因为沼泽环境为河姆渡先民提供了充足的食物，而且也是他们认识自然、认识世界的重要窗口。

三是“太阳纹说”。这种说法是由参与现场发掘的考古专家率先提出的，他们将这些圆圈纹辨认为太阳。此后，越来越多的专家学者著文支持了这一观点。现在，太阳纹的这一说法是众多对于这件象牙蝶形器中圆圈纹的认识中支持者最多、最容易被人接受的一种说法。这种说法的主要论据有 3 点：第一，

太阳和鸟一起出现是中国古代艺术上一个非常流行的图式，无论史前还是后世都有大量的发现；第二，太阳鸟以及十日传说是中国古代神话十分流行的内容，而且在这些神话中，鸟能与太阳相互置换；第三，以双鸟朝阳纹象牙蝶形器为例，中间的圈纹上方刻有象征太阳光芒的火焰纹，刻画得十分逼真。这样形状的火焰纹在今天看来与 2008 北京奥运会吉祥物欢欢的发型颇为相似。这也可以被看作是古往今来人们对太阳火焰状光芒的共识，对于光和热的相似表达。目前“太阳纹说”被多数专家认为是最有说服力的一种解释。

再看这件象牙蝶形器上的鸟纹。

将象牙蝶形器中心的圈纹视为“蛋卵”的专家通常认为圈纹两侧的鸟正在呵护它们的后代，在孵化鸟卵。古代先民用这样的图案象征着生殖和繁衍。而将圈纹视为“太

阳"的专家们对于两侧的鸟在做什么的问题上有着有趣的不同意见。那些参与河姆渡第二次发掘的考古专家将图案定名为"双鸟朝阳"。目前来看,"双鸟朝阳"说的历史最久,支持者最多,影响力最大,以至于今天的人们习惯以"双鸟朝阳"来称呼这件象牙蝶形器。

"双鸟朝阳"的说法一提出,就有学者对此提出了异议,认为"双鸟朝阳"的说法偏离了河姆渡原始先民的创作意图。例如有人认为从画面构成来观察,处于太阳两边相同的两只巨鸟是紧贴着太阳的,昂起的头稍高于太阳,其胸膛几乎和太阳连成一体,画面展示的姿态显然不是"朝见"或"朝拜",而是呈现出"拱护""举""抬"的姿态。画中的双鸟与太阳应该是一个整体,是同一事物的两个方面。在这一特定的构图中,太阳是作为发光发热的球体,而双鸟是太阳赖以飞升天穹的运载工具。因此,他们认为这幅图案应命名为"双鸟舁日",意思是指双鸟擎日飞行。

象牙匕形器

河姆渡文化(距今7000~5300年),长17厘米,宽2.8厘米。

匕,本义为个人进餐用的小勺子。这件象牙匕形器的柄端雕成稍下倾的鸟首。中间雕出鸟身和翅膀,并刻有直线和斜纹,象征着双翼和羽毛。匕身雕成扁长而微弧圆、夸张的鸟尾。

无论哪种观点，都无法否认双鸟朝阳纹象牙蝶形器上的鸟纹和太阳纹是一个整体，是一幅连在一起的图案，反映的是河姆渡先民对自然的一种原始认识，以及对太阳及鸟的崇敬之情。

河姆渡先民对鸟的这种崇拜在其他出土的器物上也有丰富的体现。距离双鸟朝阳纹象牙蝶形器出土位置不远的地方，考古人员就发掘出一件形神兼备的鸟形象牙匕形器。这件匕形器选用了上等的象牙，先错磨为长条，再精雕成小身大尾的鸟形，极具立体感，概括地表现了禽鸟的静止形态，同样是河姆渡原始艺术品中的精华。

这类刻画有鸟形象的器物在河姆渡遗址中时有发现，让众多学者认定鸟是河姆渡先民图腾崇拜的对象。他们认为鸟形艺术的经常出现，尤其是堪称为河姆渡文化艺术精华之一的鸟形象牙雕刻，说明了河姆渡人对"鸟"有着特别的感情和爱好。河姆渡人的这种感情和爱好还对后来的越地先民发生过深远的影响，在我们今天见到的许多越国遗物中就常会发现鸟形图案和鸟形雕塑的身影。这些用料讲究、刻工精细的鸟形与鸟纹雕刻，是河姆渡人特意给它们蒙上了一层神秘的色彩，

河姆渡文化双头鸟纹骨匕

使之超然于现实之上。因此，把它看成是原始图腾崇拜的某种标记，可能更接近创作者的原意。

用途之谜

与纹饰的含义有众多争议的情况类似，关于这件象牙蝶形器的用途和功能也一直是各派专家和学者猜测与争论的话题。

这里我们为大家列举一些比较有代表性的观点。比如，有人认定蝶形器是标枪的"定向器"。支持这种观点的学者以苏联考古学家在白令海峡附近的阿拉斯加和楚科奇地区所发现的古代爱斯基摩人制作的"有翼形骨器"，或称"翼形器"为旁证，认为河姆渡的蝶形器与古代爱斯基摩人的翼形器在构造上有异曲同工之妙，设想河姆渡的蝶形器也是安装在投枪尾部，起平衡定向作用，用以准确地命中目标的标枪组件。这些学者认为用"翼形器"或者"定向器"这样的名称来称呼这件象牙制品会更贴切一些。

另有一些学者则以台湾高山族的房脊上所安装的鸟形器为例，认为河姆渡的蝶形器应该是功能相似的鸟形器。它们不仅安有木柄，而且这种木柄比较粗壮，与某些民族住宅的鸟形图腾柱一样，是当时干栏式建筑顶部的一种建筑装饰，其之所以雕成鸟形，与他们的鸟图腾信仰是分不开的。

除此以外还有"投枪器上的附件"等多种观点，可谓众说纷纭。至今对于这类蝶形器的功能仍无定论。

事实上,从河姆渡出土的各类蝶形器来看,它们的器形并非全都相同,材质也各有不同。石质蝶形器、木质蝶形器和骨质蝶形器因其形制、大小、加工精细程度的不同,应该有不同的用途。石质蝶形器因为其质地比较坚硬,钻孔的孔壁上又发现有绳索勒磨的痕迹,推测应当属于实用工具。而制作精良的骨质蝶形器,尤其是象牙质的蝶形器,制作相当考究,雕刻也十分精细,在当时,显然有着更重要的地位,很可能被视作神圣、庄严的象征,应当与原始宗教活动有关。

无论是之前提到的纹饰的含义之争,还是使用的方式之论,我们都应当注意到这些说法都只是现代人的推测,缺乏一锤定音的力度,还是需要等待新的发现来帮助我们继续加以认识。

尽管如此,这些推测并没有影响人们对双鸟朝阳纹象牙蝶形器的欣赏和理解,反倒使其更具神秘色彩,吸引了更多的目光,激发了人们探究的激情。它凭借着别具匠心的取材,精美的雕刻纹饰,独特的文化内涵,成为河姆渡文化的标志性器物,实属原始艺术中的精品。

美学展现

我国古代著名思想家、墨家学派创始人——墨子,曾说过"食必常饱,然后求美；衣必常暖，然后求丽"，精辟地强调了人们只有在物质生活基本得以满足的基础上，才能去追求精神生活所需要的"美"。

从河姆渡的考古发掘情况来看，农业和畜牧业作为物质生活的经济基础已经十分发达，因而出现了较高的美学观念也就不足为奇了。在多姿多彩的陶器装饰和原始艺术品上，河姆渡人时刻展现着他们的美学理念。

正如"双鸟朝阳纹象牙蝶形器"上的纹饰所体现的，河姆渡人的刻画艺术常以弧线、圆圈线和卷曲线为主，构成各种图案，以不同的曲线的综合运用来表达描写图像的外形特征及其内在的精神，成就了河姆渡原始艺术装饰刻画的艺术个性，也是河姆渡原始艺术最大的美学特征。

与此同时，对称是形式美的法则之一，河姆渡人对此也是驾轻就熟。在他们的原始艺术品中就大量采用了对称原理，产生整齐、稳重和沉静的艺术效果。这件"双鸟朝阳纹象牙蝶形器"上的双鸟就以中间的太阳纹为中心，双鸟分列两侧呈对称布局，正是这一美学效果的极佳展现。这种对称美对后来包括中国古代建筑在内的多种艺术形式都有着深远的影响，在很多场合、很多地方、很多艺术形式中都可以看到"对称"这一审美标准。与此同时，几何形刻画图案也往往注重线条明快、图案简洁，既有装饰美，又有对称美。而构图意境既源于生活，又超脱于生活，它不仅是为了装饰，还有其更深的含义，表达了当时人们的思想和情感，达到了形式美与内容美的统一。这些均充分展现了河姆渡人的审美观及其思想意识。

正因为"双鸟朝阳纹象牙蝶形器"有着极高的文物价值、文化价值，故而在 2005 年，这件象牙蝶形器还曾与金沙太阳神鸟有过一场针锋相对的 PK，去角逐"中国文化遗产"标志的归属，成为网上热议的话题。虽然最后"中国文化遗产"采用了金沙太阳神鸟的图案作为它的标志，但许多专家学者表示华夏民族对太阳和鸟的崇拜历史悠久，不仅仅在成都金沙

太阳神鸟金饰

2001年出土于四川成都金沙遗址，现藏于成都金沙遗址博物馆。

遗址、河姆渡遗址有发现，在长沙马王堆遗址出土的帛画、山东大汶口遗址也有发现，图案都有异曲同工之妙，并无质的区别。单就"双鸟朝阳"与"太阳神鸟"而言，两者的图样花纹异曲同工，都反映了华夏祖先对鸟和太阳神的崇拜。质地一为象牙，一为黄金，都是极其珍贵的材料。但"双鸟朝阳"的诞生年代比"太阳神鸟"早了3000多年，就文物和文化价值而言，"双鸟朝阳"毫不逊色，可谓虽败犹荣。

"双鸟朝阳"作为一扇通往远古时空的大门，让人们得以通过它"回到"远古，回到那个河姆渡人生活过的时空，去真真切切地感受先民们所创造的发达的史前文化与精美的原始艺术，去赞叹先民们的勤劳与智慧。

② 盛放7000年的漆艺之花
——河姆渡文化朱漆木碗

名　　称：朱漆木碗
文物级别：一级
类　　别：竹木雕
材　　质：木质
年　　代：河姆渡文化（距今7000～5300年）
规　　格：高5.7厘米，口径9.2～10.6厘米，底径7.2～7.6厘米。
推荐理由：该朱漆木碗是最早经过科学检验被认定为新石器时代的漆器，它证明
　　　　　了中国是世界上最早使用天然涂料——"漆"的国家。

现藏于浙江省博物馆的朱漆木碗，是1977年在一个浙江省东部普通的小村庄被发现的。之前的几年，准确地说是在1973年，考古工作者在这里找到了距今六七千年前的新石器时代人类生活的遗存，六七千年前的原始部落的生活场景被一一呈现，世界也由此记住了这个名字——河姆渡。随后，人们依据发现地的地名，将这个7000年前的新石器时代文化命名为"河姆渡文化"。在出土的大量生活用品当中，考古学家发现了这只木制的碗。碗的外壁上涂有一层薄薄的朱红色涂料，在灯光的映衬下微微显露出些许光泽。经化学方法和光谱分析鉴定，专家发现这层红色的涂料为生漆。这只朱漆木碗的发现，说明在六七千年之前，我们的先民已经懂得将天然漆用于装饰生活器具的表面，使它兼具实用与艺术价值。

一位世界著名的艺术史家说过："除了很早就已出现的青铜铸造技术外，我们对中国艺术的起源知道很少。"

今天，对于熟悉中国古代文化的人来说，当然还可以列举出新石器时代的彩陶、玉雕、岩画等艺术形式，但恐怕很少有人知道，还有一个比青铜艺术更早、流行时间更长的艺术形式存在，这就是中国古代漆器艺术。

由于汉以前的漆器多为木和少量夹纻胎制作，年代久远、保存不易，所以，长久以来尽管有人知道漆器艺术，也仅局限于唐宋以后的雕漆。随着中国近50年考古事业的发展，中国早期漆器的出土逐渐增多，对于漆器的关注和研究亦开始出现新的景象。

这其中就不得不提到现藏于浙江省博物馆的朱漆木碗。

由"漆"之字见"漆"之意

要了解中国早期的漆器艺术，就必须了解当时的漆是一种什么样的涂料。得益于中国古代汉字的象形特性，我们至今还可以很直观地看出"漆"的由来。"漆"字在最早被写作"桼"。拆解"桼"字，我们会发现"桼"字最上方的结构是个"木"字，表示的是一种树木；"木"字下面是左一撇右一捺，十分形象地表现了在树木上斜着割出的割口；最下面是一个"水"字，象征着从割口流出的液体。这正如《说文解字》中对"桼"的解释："桼，

神农氏

漆氏。相传漆氏是神农（即炎帝）后裔，本姓姜，神农后第41代孙（即伯夷叔齐之孙）。隐居漆水之东，后迁徙到商丘的漆园，其后代有的就以河流的名字"漆"为姓，称漆氏，漆姓便由此开始。

木汁。可以髹物件。象形。桼如水滴而下。"这种漆我们一般称作生漆（天然漆），也称"土漆"，又称"国漆"或"大漆"。

当然，我们不能随便找到一棵树，割开树皮就能取到树木的汁液；即便能取到汁液，也未必就能拿来涂抹在器物的表面固化成膜用以装饰。显然，"桼"字中的"木"是特定的一类树木，这种树就是漆树。漆树的树皮和叶中具白色乳液，含有漆酚等物质。正是这些含有漆酚的白色乳液被我们极具智慧的古代先民发现并认识，用作了涂料，发展出后世的"漆"。

鲜为人知的是，今天用的这个"漆"字，在古代原是水名——河流的名字，并非某种木汁的名字。汉代时，在今天的陕西省境内有一条河流，由于河岸两旁种植有大量的漆树，所以当时的人们就在"桼"字的旁边加上了三点水，造了"漆"字用来命名这条河流，"漆"字由此而来。这条河流在古书上有多处记载，被称之为"漆水"。只是这条"漆水"在众多古书的记载中不甚一致，产生了众多不同的说法。但是大体在今天陕西省境内是没有什么疑问的，而且各种不同的说法都承认一个事实——漆水最后汇入渭河。其实这种在一个汉字旁加三点水用来命名河流的做法在古时是很常见的。例如浙江省境内著名的钱塘江，古时因为它的河道有几处角度极大的折角，整条江曲曲折折，人们就在"折"字旁边加上了三点水造了"浙"字来命名这条江，称其为"浙江"，这一名字后来还被用到了地方行政区域的划分当中来。唐时的"浙江东道""浙江西道"；宋时的"两浙路"；元时的"江浙等处行中书省"；明时的"浙江等处承宣布政使司"；直到康熙时期改称"浙江省"，沿用至今。只要细加留意，这样应景的造字案例在中国古代还有不少，常常可以成为我们了解一个地方、一个事物历史演变的旁证。

当然，在当时"漆"字是特指这条河流，只是后来人们在日常使用的过程中，两个字渐渐地不再那么泾渭分明了，"漆"字常被拿来借用，意指作为涂料的漆，最后出现了借而不还的情况，后世就用"漆"来表示这种从漆树上获得的涂料。

由"漆"之艺见"漆"之史

经加工、配料制成的漆器，很早就见于我国古代文献记载之中。《韩非子·十过篇》称：

> 尧禅天下，虞舜受之，作为食器，斩山木而财之，削锯修之迹，流漆墨其上，输之于官以为食器，诸侯以为益侈，国之不服者十三。舜禅天下而传之于禹，禹作为祭器，墨染其外而朱画其内。

吴江县梅堰新石器时代
遗址出土的漆绘彩陶

王念孙注曰：染，当为漆，谓黑漆其外也。《说苑》《太平御览》引用这段文字时也将这里写作是漆。既然尧舜时的食器，已"流漆墨其上"，禹时的祭器又可"墨染其外而朱画其内"，足见我国漆器的起源很早，不迟于传说中的尧舜时代。

然而，考古发现中的漆器比文献记载要更早。

1955 年春，在江苏省吴江县团结村曾发现有一件良渚文化时期的漆绘彩陶杯。

1959 年冬，又在吴江县梅堰新石器时代遗址上层出土了两件漆绘彩陶，报告称：

> 一件在已烧的黑陶器上用金黄、棕红两色绘出二道弦间丝绞纹。另一件纯用棕红色，仅一道花纹。彩绘出土后因失去所含水分，容易干缩剥落。所绘的原料为漆，先在黑陶表面涂

上一层稀薄棕色漆，然后在上面用厚漆加绘图纹，厚薄不匀。

1960年第二期的《考古学报》上刊载的《杭州水田畈遗址发掘报告》中讲到在杭州水田畈遗址也发现有两片良渚文化时期的彩陶片，一片底色黄，上绘4条一组的红色弦纹；另一片为黑色底，上面绘有金黄色的弦纹。同时，在3号墓的棺板上还发现有红色漆皮。

1973年秋，在江苏常州发掘的圩墩遗址，曾出土有马家浜文化时期的"喇叭形木器"，其中一件"上端稍细，下呈喇叭状，内空，并有被烧灼的痕迹，器表上端涂成黑色，下端涂成暗红色，残高18厘米"；另一件"表面涂黑色涂料"。这两件木器的涂料，黑色表面还微有光泽，直观同现在的漆没什么区别。

不过，上面提到的考古发现中的漆，因未做科学测定，当时尚未引起学术界、科技界的重视，有的专家更是一直持怀疑的态度。就是在1973年河姆渡遗址T17第四文化层出土外表"金黄闪光，绚丽夺目"的漆木筒时，人们还是不敢肯定它的

漆木筒

河姆渡文化（距今7000～5300年），长30厘米，直径9.4厘米，壁厚1.5厘米。器物出土时呈金黄色，有光泽。

外表上曾有局部髹过漆。

直到 1977 年后，河姆渡遗址进行的第二期考古发掘，揭示出河姆渡人早已发明了漆器，证实了上述各遗址漆器的存在。在对河姆渡文化遗址开展第二期考古发掘时，考古工作人员在遗址的 T231 中找到了一只残破的碗。当考古人员一点点拨开周围的黏土时，他们发现这是一只木胎的碗，敛口，弧腹，呈椭圆形，圈足略外撇。让考古人员惊奇的是这只木碗的表面施有一层薄薄的涂料，色红而微有光泽。经送请中国科学院化学研究所进行科学测定，这种朱红色的涂料"经裂解后，涂氯化钠盐片，用红外光谱分析，其光谱图和马王堆汉墓出土的漆皮的裂解光谱图相似"。同时，中国科学院植物研究所在第四文化层采集的样品，经孢粉分析也发现有漆树花粉。通过科学测定，漆器终于得到举世公认，轰动了国内外。在当时，漆碗的出现把我国使用生漆的历史提早到了 7000 年前，从而进一步证明，我国是世界上最早使用天然涂料——"漆"的国家。

河姆渡先民在长期从事采集、狩猎、伐木等生产活动，尤其是砍伐树木、建筑房屋过程中，也许偶尔砍到了漆树，并逐渐对漆树上流出来的漆汁有了一定的认识，慢慢地熟悉了性能后，最后发明了髹漆的技术。这必然是长期进行生产实践，代代积累经验的结果。从第四文化层出土的髹漆木筒多呈黑色，到第三文化层出现了朱红色的木胎漆碗；从使用自然氧化后呈现黑色的漆，到懂得在漆中添加颜料，我们还可以看到髹漆工艺在当时的发展。

这里我们再一次体会前文中提到的《韩非子·十过篇》中关于漆器的记载，我们会发现：

1."尧禅天下，虞舜受之，作为食器，斩山木而财之，削锯修之迹，流漆墨其上，输之于宫以为食器，诸侯以为益侈，国之不服者十三。"表明了在尧舜禹时代漆器的珍贵，即使是尧舜那样的贵族首领把漆器用为食器，还是太奢侈，从而引来了当时许多诸侯的不满，说明当时漆器制作工艺尚未普及，可以说是一物难求。那么比尧舜更早的河姆渡时期，这样的漆器一定就更为难得和珍贵了。如此耐用而美观、实用而珍贵的漆器让当时的人们喜爱至极，趋之若鹜，所以尽管当时的漆器制作工艺还未普及，但无疑开启了崇尚漆器奢华之门，促进了漆器艺术的发展。

2. "输之于宫以为食器……禹作为祭器"，表明了漆器主要用作食器和祭器，表明其使用功能。从实际出土的河姆渡文化漆器来看，前面提到的漆木筒被很多学者看作是某种乐器。在当时漆器制作尚未普及的情况下，如此奢华的乐器想来一定是用在某种极为重要的场合，比如祭祀。至于这只朱漆木碗，除了碗本身的盛器功能外，很有可能被用在祭祀场合。想必在7000多年前的河姆渡文化时期，这只漆碗的拥有者或者说使用者一定有着极为显赫的身份和地位。正是漆器这种实用的特性推动了漆器制作工艺的发展，赢得了历史发展的空间。

3. "墨染其外而朱画其内"，表明了漆器的颜色主要是黑色和红色，用红色画花纹，突出器物的美感。红黑的经典配色从漆器的发展历史上来看是十分自然的。天然的漆液涂抹在器物表面自然干燥固化后一般会形成黑色的硬膜，因此在汉语中，漆就是和黑联系在一起的，"漆黑"一词正是用来形容十分深厚的黑色。当人们发现并懂得使用某种红色的矿物质原料后，红色的漆便漆便应运而生。这种红色的矿物质颜料就是丹砂，也叫作朱砂。沉寂冷静的黑色和活泼跳跃的红色结合在一起，形成了强烈的色彩对比，符合人类的审美需求。这两种色调的选择和利用，客观上除了因为在当时制取比较容易外，还反映了古代人对于红、黑二色的崇尚意识。所以，即使后来漆器的色彩世界里出现了黄、褐、蓝等颜色，红与黑仍然是漆器的基本色彩，始终占据着最主导的地位，成为中国漆器永不褪色的标志和象征。这种标志在漆器最早期的制作阶段——河姆渡文化时期就已经显现出来。同时，也说明 7000 年前的河姆渡先民已经懂得了色彩的运用，具有娴熟的髹漆工艺，于此也可以窥见其生产力发达之一斑。

由"漆"之性见"漆"之用

前面提到生漆是割破漆树的皮滴下的汁液。它在空气中容易干燥，结成黑色光亮的漆膜，其附着力、耐久性、装饰性都很强。人们认识到漆的这些特性后，把漆用在了生产、生活的众多方面，使用十分广泛，效果十分突出，漆被后人称为"涂料之王"。

首先，生漆有很好的附着力，通俗的表述就是漆有很好的黏性。这种黏性使得漆在被使用的时候涂抹便利、效果显著，而且在诸如木、竹、布等有机物上，甚至是铜一类的金属上都可以涂抹，这就大大地拓展了漆的适用场合，让很多不同材质的器物变得更加美观实用。漆的这种黏性还让漆在其他的工艺领域大放光彩，充当了必不可少的"胶水"作用。例如众多寺庙中金光闪闪的佛教造像实质上并不是用黄金打造的，多是用其他材质打造成型后用贴金的工艺加以美化，最终呈现出金灿灿的效果。在贴金的工艺中就要用漆来充当胶水。古代工匠在给造像贴金前会在处理好的器物表面涂抹 2 ~ 3 遍广漆（由生漆加少量坯油调制而成），这道工序被称为"做金脚"。在最后一遍金脚做好后，趁它将干未干时，将金箔敷在金脚上。而后对贴好的金箔做一些精细的表面加工，最终完成贴金。如此想来，"如胶似漆"这一成语的出现还真是有"生活"的，所形容的难舍难分不正是漆极具黏性的最佳写照吗？

其次，生漆有很好的耐久性，主要体现在漆具有极佳的防水、耐酸、耐腐蚀等特性。因其防腐性能十分突出，因此做木材、房屋、器具、钢铁制品等器物的防腐剂就再合适不过了。把漆涂在这些物件表面，就能防止物件被氧化或者被腐蚀，有效地延长了物件的使用寿命。时至今日，生漆作为极好的绝缘材料还被大量使用在电器加工中，这种古老的材料依旧有着强大的生命力，发挥着不可低估的作用。

最后，生漆有很好的装饰性。生漆硬化后形成的漆膜具有很好的遮盖能力，能轻而易举地改变所遮盖器物的外观。而当人们能够利用各种不同的矿物颜料调制出各种颜色的漆后，更是能将器物的表面点缀得绚丽多彩。以此为基础，古代匠人充分发挥了他们的聪明才智，利用颜色漆的堆积，甚至是不同颜色漆的相互堆积、填嵌，加上绘彩、雕刻等多种技法极大地丰富了漆器的装饰效果，创造出了众多漆器名品。明代《髹饰录》中有记载和说明的漆器装饰技法就达近百种，分成描饰、填嵌、阳识、堆起、雕镂等十几大类，可谓异彩纷呈。其中利用漆的堆积厚度辅以雕刻而成的雕漆最为今天的人们所常见和熟悉。所谓雕漆，就是在漆器的胎骨上层层累积生漆到相当厚度，然后用刀雕刻出花纹的做法。从这类漆器的花纹刀口的断面，有时还可以看出施漆的道数（只是一般情况下，利用肉眼无法数清）。至于施漆的道数，没有统一的规定，有薄的就十几二十道，有厚的多至五六十道乃至百道以上。堆积黑漆雕刻的称为剔黑，堆积红漆雕刻的称为剔红，此外还有剔黄、剔绿等品种，无论是剔黑还是剔红都属于雕漆这一种类。雕漆类的各品种之间在工艺上有着诸多的相通之处，但也有着小小的不同。我们以剔黑为例来加以说明。2002 年浙江绍兴东湖某砖厂发现的一只北宋剔黑牡丹纹镜奁就是这样一件极为罕见的宋代剔黑漆器。细看这件剔黑漆器，我们很容易发现在它表面黑色的漆层下，相间有数道红色的漆层。这一特点，让它这类剔黑[①]漆器极容易和另外一种漆器——剔犀[②]混为一谈。两者的漆面都用了不同的色漆堆叠而成，但应该注意到剔

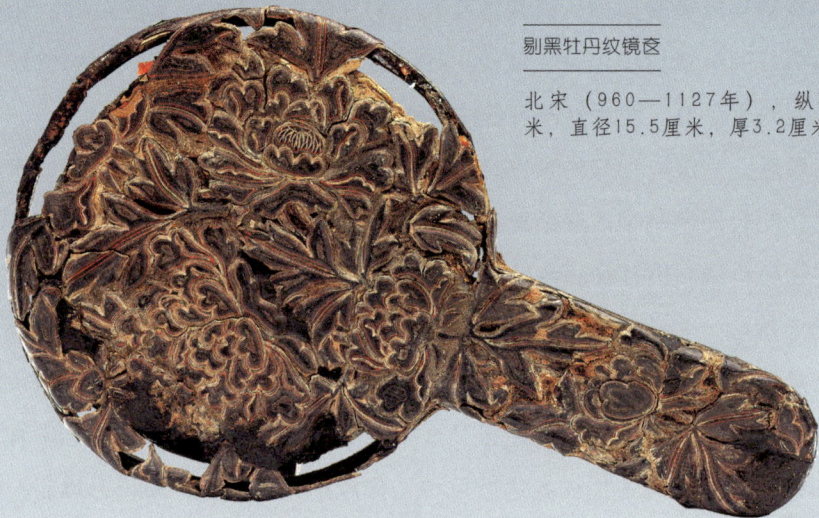

剔黑牡丹纹镜奁

北宋（960—1127年），纵36厘米，直径15.5厘米，厚3.2厘米。

①剔黑，即用黑漆堆积，然后剔刻花纹的做法。依照《髹饰录》载，有纯黑剔黑、朱地剔黑、黄地剔黑等多种。其实，剔黑漆器的制作并不要求用来堆叠的色漆都要是黑色。剔黑类的漆器在堆漆时可以用其他色的漆作地，也可以用其他色的漆相间，只要求最上层漆为黑色即可。剔黄、剔绿等品种也是相同的原理。

②剔犀，是用两种或三种色漆（一般都是两种色漆），在器物上有规律地逐层（每一色层都是由若干道漆漆成，各层厚薄并不一致）积累起来，至相当的厚度，然后剔刻出云钩、回纹等图案花纹。

剔犀如意云纹盏托

元（1271—1368年），直径15.5厘米，高7.8厘米。木胎，通体髹漆肥厚，朱漆为面，刀口处可见有规律的黑线两道，为剔犀"红间黑带"的做法。

黑要求最上层的漆必须是黑色，并且对所刻图案没有特别的要求；而剔犀对最上层的漆色并没有特别的要求（仍以黑漆为多），但对所刻画的图案有要求。因此这件北宋剔黑牡丹纹镜奁尽管乍看和剔犀相似，用了多道不同色漆堆叠的工艺，但因为其没有刻云钩或回纹这类图案，就被称为"剔黑"。随着后世的技艺发展，人们还在器物上用不同颜色的漆，分层漆上去，每层若干道，使各色都有一个相当的厚度，然后用刀剔刻。需要某种颜色，便剔去在它以上的漆层，露出需要的色漆，并在它的上面刻花纹。制成后，一件器物上具备各个漆层的颜色，五色灿烂，这类漆器被称为剔彩。浙江省博物馆就藏有一件写有"行有恒堂所用"款的清代剔彩枇杷盒。

工匠用堆起的红漆刻出了枇杷的造型，将绿色漆层留用作叶子，惟妙惟肖。除了以上漆的众多优良特性外，还有一个常被我们忽视的特性也让漆更具使用价值，那就是漆很光滑。让日常用具表面光滑是十分实用和科学的选择。想象有一只碗之类的食器，表面很粗糙，有很多沟槽，那么在使用后的清洗就会比较困难；如果表面很光滑，那清洗就会变成一件让人愉悦的事情。

漆有着众多的特质和优点，才被人们广泛、长期地使用着。《髹饰录》总结道："漆之为用也……皆取其坚牢于质，取其光彩于文也。"一语中的地说明了人们大量、长时间使用漆这种涂料是因为它有着极好的特性。漆比较坚固耐用，具有稳定的物理和化学特性；同时它色彩的绚丽、工艺的多样能表现各种光彩夺目的艺术效果。"涂料之王"的美誉实至名归。

而最让我们想不到的是，生漆还是一种很好的中药。根据《本草纲目》的记载，生漆可以用来治疗疾病和外伤止血，还具有驱虫止咳等功效。

剔彩枇杷盒

清（1644—1911年），通高5厘米，长11.5厘米，宽9.5厘米。

《髹饰录》

我国现存唯一的一部古代
漆工专著，明代隆庆年间
（1567—1572年）由黄
成所著。全书分乾、坤两
集，共18章186条。《乾
集》讲制造方法、原料、
工具及漆工的禁忌。《坤
集》讲漆器分类及各个品
种的形态。这是一部专业
性很强的工具书，为古代
漆器的定名和分类提供了
可靠的依据。

小小的漆碗为我们折射出了古代先民的聪明才智，见证着漆器的发展历程。作为一级文物，作为1993年上过邮票的文物，作为2002年国家文物局发布的《首批禁止出国（境）展览文物目录》中禁止出国（境）展览文物之一，河姆渡出土的朱漆木碗以其独特的历史价值，赢得了世人的青睐和重视。像朱漆木碗这类漆器是中华民族杰出的发明和创造，承载着中华民族的优秀文化，展现了河姆渡人对人类文明做出的难以磨灭的贡献。在它之后，那些数以千万计、令人目往神授的古代漆器，生动、直观地展现了古老而又悠久的中国漆文化及其所取得的辉煌成就，显示出漆文化永在的青春和魅力。

③ 刻在陶器上的畜牧史

——河姆渡文化猪纹陶钵

名　　称：猪纹陶钵

文物级别：一级

类　　别：陶器

材　　质：陶

年　　代：河姆渡文化（距今7000～5300年）

规　　格：钵口长21.7厘米，口宽17.5厘米，通高11.7厘米，底长17厘米，底宽13.5厘米。

推荐理由：精湛的陶艺与原始艺术的完美结合，更是新石器时代原始畜牧业的缩影。

　　整件陶钵口大底小呈倒梯形。陶钵的外壁表面打磨光亮，内壁则比较粗糙。最引人注目的是这件陶钵的长边两侧外壁上分别刻有一头猪，两侧猪的头朝向相异，纹样不完全一致，其中体型较小的猪纹饰也比较简单，形象栩栩如生，因此我们常把它叫作"猪纹陶钵"。

有猪方为家

汉字"家"与猪有着直接的渊源。

"家"是会意字,最早起源于甲骨文。现在看到的"家"字上半部分为"宀",像屋顶;下面半部分为"豕","豕"即为猪。古代生产力低下,多在屋子里养猪,豢养猪者表示家境殷实,有肉可食。猪俨然成了古时家庭中重要的组成部分,或者说是重要的资源和资产,有了"猪"才有"家"。

甲古文　　金文　　小篆　　楷体

在上古时期,猪是衡量勇敢的尺码。不但"家"的含义是在房屋内养猪,就连人的素质,也以与猪有关的事为衡量标准,例如"敢"字,有以手捉猪以示勇敢的意思,那么不能捉猪便为怯懦。这是什么道理呢?原来家猪显得那么温驯老实,是因为长期被人类驯养,与大自然隔离而丧失了其本性;而野猪就性情凶暴,善于搏击。基于这一特点,古人认为迎击野猪的行为是勇敢的表现,

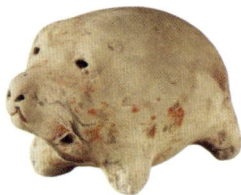

陶猪

现藏于上海崧泽遗址博物馆。

陶猪鬶

现藏于中国国家博物馆。

有"勇往直前"的意思。由于古人对猪有着与我们今天不大相同的认识，所以古人在某些重要的场合与器物上会突出猪的形象。而我们只有理解古人对猪的认识，才能真正理

"敢"的甲骨文字最上方刻画的就是一只猪的形象。整个字像人用手持猎叉迎击野猪的样子。

解这些猪的形象以及这些器物真正的文化含义。在浙江省博物馆的展厅内，你就可以看到一系列与猪有关的有趣文物，其中最具代表性的就是河姆渡文化时期的猪纹陶钵。

原本是灵畜

陶钵本身是盛放食物用的盛器。它独特的地方就在于两侧刻有形态逼真的猪的形象，那么它们有什么特别的含义呢？

现在，越来越多的人认为"它不是日用器而是一种与某种巫术礼仪有关的用器"，用于稻作祈雨的巫术。研究者推测当时人们把猪视为水畜、灵畜、知雨畜、祈雨畜。猪在当时人们心目中是神圣的神兽，要受到众人的顶礼膜拜。

人们把猪视作水畜，主要是因为猪习惯生活在沼泽水地或山居近水的地方。《齐民要术》及《四时纂要》有这样的记载：

猪性便水生之草，收浮萍、水藻饲之则易肥。

大意是说：猪饲养方法简单，近水用浮萍、水藻喂养就可以。

其他的比如《易经》《周易正义》《史记》等也有文字提到猪喜水的基本特性。

应该说人们对于猪的这种基本认识早在采猎时期就已经确立了。因为最初人类生活、活动的地方大多会选择依山傍水的丘陵湖泽地带，而野猪又是这类地带的主兽群之一。《孟子·尽心》记载："舜之居深山之中，与木石居，与鹿豕游，其所以异于深山之野人者几希。"可以看出，猪自然会成为人们狩猎的主要对象。要想捕获猪，就必须对它的生活习性有所了解，做最大可能的观察和认识。猪的喜水习性也就自然而然地被古人所认识。

另一方面，古人把猪视作灵畜。

在古人心目中，猪是极有灵性的生物。现代科学研究已经充分证明了这样的事实，猪与狗具有同等的智力。在看待猪的问题上，古人似乎比我们今人更客观，他们常把猪看作是神圣的灵物。例如许多人知道在商、周时期流行的占卜中盛行用龟甲、鸡骨来预知吉凶祸福。而事实上，早于商、周时期的新石器时代，人们行巫术、做占卜用的卜骨，是以牛、羊、猪的肩胛骨居多。

《论语》中有一段子路与孔子的对话正好阐述了这种历史演变的因缘，子路问："猪的肩胛骨和羊的腿骨可以占卜吉凶，而马的鬃毛和藁的枝杈可以占卜吉凶的大小，何必还要用龟甲和蓍草？"孔子则回答说："用蓍草占卜，是因为蓍草分布多而且容易取得；用龟甲占卜吉凶，是因为龟类寿命长。"生命长、岁数大就意味着阅历深，经验足，对事物能做出正确的判断。孔子之后总结说："明狐疑之事，当问耆旧也。"意思是说，要想解决"狐疑之事"，还是要多实践、多咨询有经验的老师。

这段对话恰恰向我们说明了这样一个事实，即随着时间的推移，占卜所用道具本身也在不断发生着变化。所以早期用来占卜的猪骨，在用作占卜道具时的含义就没有后来出现的"蓍"和"龟"那么隐晦、深刻了，而是直接反映了人们把猪看作灵畜、把猪骨看作灵物，借此来预知吉凶祸福的事实。

随着古人越来越了解猪的习性，他们发现猪还是知雨畜。

自然界中有许多动物在漫长的演化过程中进化出了对于事关其自身生存的重大自然现象具有一定预知的能力。如鼠、狗能预知地震，候鸟能感知四季变迁，蚁类能感知风雨将临等。作为水畜的猪（尤其是尚未完成驯化的野猪），对于雨天的来临也有一定的预知能力。比如在南方的夏天，暴雨或雷雨即将来临之际，人们往往会发现猪喜欢到泥水处或卧或滚。猪的这种特性被古人发现、认识后，在知其然不知其所以然的状态下被人们神化，在人们的意识中渐渐就形成了猪是知雨畜的观念。

虽然这种观念形成之初的考古材料十分匮乏，但我们还是可以从一些文献中发现这种观念流传到后世的一些残留。在《诗经》中有一篇《渐渐之石》，其中在描写出征将士怨叹路途艰难时写道：

有豕白蹢，蒸涉波矣，月离于毕，俾滂沱矣。

这里写到的"有豕白蹢,蒸涉波矣"是指一种天象——夜半有黑气相连，俗称黑猪渡河，这是要下雨的天气特征。古人在这里将猪与天气直接地联系到了一起，可见当时人们对猪能预知下雨的特性还是十分认同的。

而在《诗经》注本《毛传》中更直白地称：

将久雨，则豕进涉水波。

唐代黄子发的《相雨书》也有类似的记载：

四方斗中无云，唯河中有云三枚相连，状如浴猪，三日大雨。

猪在下雨前会在泥水里打滚的这个现象一直被古人们看作是"天气预报"。当然，今天的人们已经能够科学地解释这个现象了。那是因为这种雨天之前气压往往很低，天气会显得特别闷热，而猪身上厚厚的皮下脂肪妨碍了散热，如果能在水中躺上一会儿，就能降低体温，维持正常的生理状态，那才舒服。如果有泥水就更好了，猪在泥水里打上几个滚之后，黏稠的泥水会将更多的水分保留在猪的身上，就能驱走更多的热量。这种动物本能在自然界中屡见不鲜，非洲的犀牛就有同样的习性。当然，古人是不会知道这些原理的。随着猪在大雨前"洗澡"的情节不断上演，猪是知雨畜的观念也逐渐在人们心目中加深。在猪与水有密切联系的认识基础上，在充分感受到了猪的灵性的前提下，古人将猪看作是能通上天、知雨水的神兽也就显得顺理成章了。

将猪视为祈雨畜的这种观念应该是在人们将猪视为水畜、灵畜、知雨畜之后引申出来的。在这个引申过程中，河姆渡文化自身的稻作农业特点起到了关键作用。因为水稻是尤其忌怕干旱的作物，如果想要获得好的收成，丰沛的雨水就显得格外重要。河姆渡文化稻作农业的发达是该文化最引人注意的地方。这不仅仅是因为人们在河姆渡文化发现了最厚堆积达 1 米左右，重量数以吨计，保存完好的水稻遗存；还在于人们在这里发现了大量的农具。这是其他任何遗址所无法企及的。这么大的水稻堆积遗存直接表明当时水稻耕种水平之高、规模之大。发达的稻作农业水平为我们折射出当时人们丰富的生产经验，他们充分地认识到了自然天气对农业生产的严重影响。也正是在这个时候，猪这种被视为具有灵性，能感知雨水的动物理所当然地被人们选为人类利益的代言人，用来沟通上天、求雨祭祀。表明野猪与稻作农业之间这种紧密联系的还有浙江省博物馆收藏的，同样

稻穗纹陶钵

这件陶钵的腹部清晰可见阴刻的一株稻穗和一个动物的残体。多数学者
推测这个残缺的动物是猪，而从它身上的鬃毛可以想见这是一只野猪。

是在河姆渡文化遗址中出土的稻穗纹陶钵。

这样看来，这件有鲜明特色的猪纹陶钵是古时河姆渡人在行巫术的过
程中用来祈雨的祭祀用器便很合乎情理。

野猪变家畜

我们之前讲到的猪都是野猪，而不是今天常见的家猪，正如我们在河
姆渡文化的这件猪纹陶钵上看到的一样。据研究，4000 万年前，猪科动物

就在欧洲出现；大约 1500 万年前，猪科动物已经在欧洲、亚洲和非洲广泛分布。在猪类面前，人类其实显得很年轻。而在漫长的岁月里，野猪一直伴随着人类的成长和进化。它们既是人类的敌人，又是人类赖以生存的食物来源之一。在史前人类的生活中，野猪是一种非常重要的动物。

随着人类文明的不断进步，狩猎水平的不断提高，野猪逐渐被人类豢养和驯化，成为最早被人类驯化的动物之一。于是，这些和人类朝夕相处的野猪被河姆渡人表现在了陶钵之上，并且被刻画得如此栩栩如生。

我们可以清楚地看到陶钵上的这只猪有着长长的嘴，细细的腿，而它的腹部稍胖并且微微下垂，活灵活现地表现出史前时代那呆拙粗壮的猪的形象。另外我们可以在它的背上看到那些硬直且竖立着的鬃毛。这些都极好地表现了野猪那"狼奔豕突"的野性特征。值得一提的还有同在河姆渡第四期文化中出土的一件猪形陶塑。它所表现出来的猪的体态就明显要丰满胖硕得多了，已经和我们今天常见的家猪模样很接近了。将两个猪的形象进行比对，考古学家认为猪纹陶钵上所刻画的是才被人们驯化不久的猪，

猪形陶塑

这时的家猪畜养还处于比较原始的阶段，圈养的猪依稀还有野猪的形态特征，比猪形陶塑中的猪"野蛮"许多。

同时，专家对河姆渡遗址中的多种动物遗骨进行了分析鉴定，认为河姆渡先民已经成功地驯养了狗、牛、猪3种家畜。我们在河姆渡遗址发现的家猪个体骨骼，大约有73个。有趣的是在这些家猪个体中幼年和成年猪的死亡率较高，这和我们今日以猪肉为主要肉食来源的习惯似乎是相同的。很明显，饲养猪的目的就是为了提供可靠的肉食、可靠的营养性食物，减少对狩猎经济的依赖。不言而喻，猪的驯养对原始农业经济的发展起了积极作用。

可以看到，这件猪纹陶钵上的野猪形象正是河姆渡人原始畜牧业的缩影，反映了河姆渡人在食物多样性、稳定性、营养性上的进步与成就。正是这些进步与成就，保障了这些古代先民在与恶劣的自然条件的抗争中能取得有利位置，从而繁衍生息下来，创造出灿烂的文化，这对人们了解河姆渡文化很有帮助。

空前的陶艺

如果说认识猪的特性并加以利用体现了河姆渡人认识自然的能力，那么烧制猪纹陶钵这样的陶器体现的就是河姆渡人改造自然的能力了。河姆渡人不是陶器的始作俑者，但是他们在陶器制作方面取得了重大突破和杰出成就。

古代先民要制作陶器，必须先认识到黏土在火中焙烧后会结成硬块这一现象，这在古人使用火的过程中是能体会到的。在这样的基础上，古人根据自身使用的实际情况，设计、制作出各种形状的黏土器物放入火中烧烤，使它们变硬来满足实用的需求。进而，古人需要考虑用什么方法能更好、更快地制作出他们需要的器物造型。

在这一系列的问题上，许多人认可恩格斯提出的"编篮涂泥"，经火烧过后成形的说法，实际上是有据而合理的推测。在距今 7000 年的河姆渡文化时期，在水乡生活的河姆渡人会在一些编织物上涂抹黏土以防漏水，这样使用起来会更方便。随着经验的积累，由此联想到用黏土直接仿制编织物的形状做出器物来，通过火的烧烤使它变硬成为可以单独使用的器物。

生活在 7000 多年前的河姆渡先民们会先将制陶用的陶泥搓成长条状，然后把它们一圈一圈地盘筑起来，做出各种他们需要的形状，当然还会用手抹去陶器内外一棱一棱的泥条痕迹。这样的制作方法叫作"泥条盘筑法"。

我们这只"猪纹陶钵"就是用这样的方法制作出来的，这也是河姆渡先民制作陶器的主要方法。想象一下，在这个成形方法中，泥条取代了编织材料，被用来编织篮、钵之类的东西，真可以说是奇思妙想了。随着历史的发展，"泥条盘筑法"渐渐被"轮盘拉坯法"取代，但并没有彻底消失。例如在明清时期，许多大型的瓷器在制作成形的工艺阶段还会部分使用"泥条盘筑法"。这也可以充分说明这种制作成形方法的科学性，也更证明了河姆渡人的聪明才智。

陶器制作上还有一项关键技术就是火烧黏土使之变硬成形而不至于龟裂。在这项关键技术上河姆渡人丝毫不落后，他们通过在陶土中加入羼和

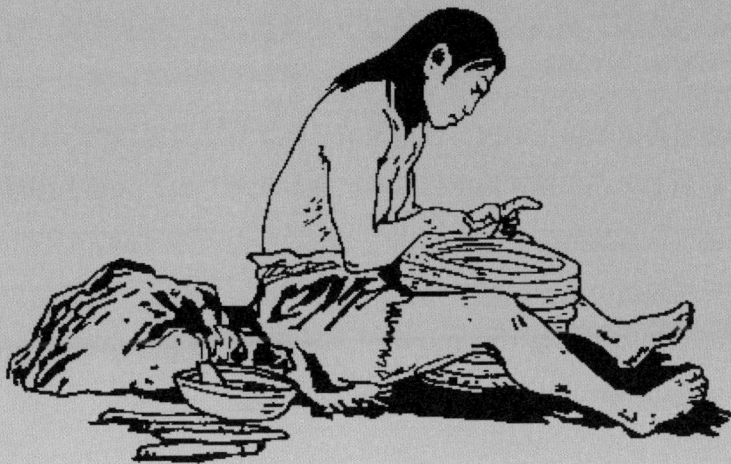

泥条盘筑法

料的方法来提高陶器烧制的成功率。考古学家发现，在这只"猪纹陶钵"的胎体内夹有大量炭化了的植物茎叶的碎末。因为这样的陶器往往是黑色的，所以我们把这一类陶器叫作"夹炭黑陶"。河姆渡人在制作这样的夹炭黑陶时，会在黏土中有意识地掺和大量的植物茎叶碎末、谷壳等有机物进行烧制。它们烧成的火候较低，一般在800℃～850℃，又在缺氧的还原气氛中烧成，使得有机质的羼和料仅仅达到炭化的程度，所以陶色偏黑。也有人认为，植物的茎叶碎末等有机物是事先炭化后再羼入陶土中，而后制作成陶器烧制的。先人之所以用这样的方法来制作陶器，主要是为了减少黏土的黏性，以及减少器物因干燥时的收缩和烧制过程中的收缩而引起陶器开裂。很明显，这样做可以大大提高烧制陶器的成功率，同时也大大提高了所烧制出来的陶器的质量。这在人类原始技术史上，是弓箭发明之后的又一技术创造，这一创造对人类生活史的发展起了革命性的推动作用。

　　7000 多年前，当河姆渡先民观察到野猪的习性，发现动物习性与自然界的相互关系时，表明他们拥有了观察自然、认识自然的能力；当他们开始驯养野猪用以改善生活时，证明他们已经拥有了适应自然和利用自然的能力；而他们富于创造性地制作这类"夹炭黑陶"时，表明他们已经拥有了原始的改造自然的能力。正是这些杰出的能力为先民们争取到了巨大的生存空间和发展可能，成就了灿烂无比的河姆渡文化。今天我们应该在感叹先人伟大的同时，学习并发扬他们不畏艰险、勇于开拓的精神，更好、更充分地利用古代先民留给我们的宝贵精神财富。

④ 文明曙光下的治玉奇迹
——良渚文化"玉琮王"

名　　称：玉琮

文物级别：一级

类　　别：玉石器

材　　质：玉石

年　　代：良渚文化（距今5300～4200年）

质　　量：6.5千克

规　　格：高8.9厘米，上射径17.1～17.6厘米，下射径16.5～17.5厘米，孔外径
　　　　　5厘米，孔内径3.8厘米。

推荐理由：目前发现的最大、最重的单节玉琮；其上繁缛的"微雕"匪夷所思，被
　　　　　称为"琮王"。

　　玉在中国人心目中，是个美丽的字眼，仅《说文解字》所收的玉部字就达100余个，而由它组成的词汇更是不计其数，并多含有高贵、美好、坚贞等文化意义。时至今日，我们也常用冰清玉洁、金玉满堂、玉颜、玉体等词汇来称谓那些美好的事物，就连起名字也常用玉字或玉部首的字，可见炎黄子孙对玉的喜爱和崇拜。

一般来说，任何一种物体被人喜爱、尊崇，大概不外乎两种原因：一是这种物体的材料和外在的形式使人产生审美上的愉悦，二是这种物体所隐含的文化内涵使人产生认同和喜爱。中国玉器是二者最完美的结合。英国李约瑟博士曾在《中国科学技术史》中赞许道：

对玉的爱好，可以说是中国文化的特色之一，3000多年以来，它的质地、形状和颜色一直启发着雕刻家、画家和诗人的灵感。

兽面纹牌饰

半璧璜

兽面纹玉琮

良渚文化是一支分布在太湖流域的古文化，属于新石器时代，距今5300～4200年。1936年在浙江杭县（现属杭州市余杭区）被发现，1959年依照考古惯例按发现地点良渚命名，是为良渚文化。该文化遗址最大特色正是其所出土的玉器。

中国玉器不但包含着民族的好尚，积累着民族的智慧，寄托着民族的感情，反映着不同历史时期的社会结构和哲理思想，而且在中国政治、宗教、文化、思想等方面亦扮演着十分重要的角色，发挥着其他美术工艺品所不能替代的社会功能。

对玉器的这种青睐和珍爱早在四五千年前的良渚文化就被体现得淋漓尽致，使得玉器成为良渚文化中最显耀的一种文化类型。

正因为良渚文化大量精美玉器的发现，使"玉文化"这一概念成为考古学文化系列中一个新的研究课题，并成为新石器时代文化研究中极为重要的一个组成部分。

这里要介绍的这件玉器既有着舍我其谁的霸气，又有着不可思议的神秘。它就是良渚文化"玉琮王"，是浙江省博物馆无可争议的"镇馆之宝"之一。

"琮王"礼天下

玉琮是良渚文化玉器中最具有代表性的器物。

"琮王"具有玉琮的典型特征，选用洁白的玉料，表面经过抛光，明如镜面。它的剖面呈现出外方内圆的造型，立面 4 个转角有凸起的棱面，上面刻有左右对称的浅浮雕兽面纹。

玉琮俯视图

所谓的方只是趋向于方，四边实际上是弧凸的，内圆外不方的形状，这也是所有玉琮横截面的一个共同特点。

发现于杭州余杭良渚反山 12 号墓的这件玉琮，整器重约 6.5 千克，形体宽阔硕大，纹饰独特繁缛，为良渚文化玉琮之首，因而被人们冠以"琮王"之名。

对于这类玉琮的具体功能和象征意义，目前说法不一。有学者认为玉琮内圆外方的柱形体，正象征着我国古代"天圆地方"的思想，玉琮是将天地贯穿起来的一种法器，充当着巫与天对话的工具，使人神之间建立起特殊的关系，代表着神权。玉琮中空外实，方圆一体，并且有氏族图腾和四方神灵的形象附着其壁，典型地反映了原始先民天地浑一、万物有灵的思维特征。玉琮上的兽面纹饰则起到辟邪求福的作用，为人们驱邪除恶。凡此种种说法，都因为年代久远，且当时没有文字记载，因而无法得到充分的肯定，难以形成一致的观点。

玉 璧

良渚文化（距今5300～4200年），直径26.3厘米，孔径4.2厘米，厚1.3厘米。璧一般光素无纹，但此玉璧上发现了两种少见的刻符。一面阴刻盾形层台，中间为一只飞鸟的纹饰；另一面符号形如"玉璋"，意象不明，可能与祭祀的法器有关。此器与现藏美国弗利尔美术馆玉璧上的刻纹甚为相似，是目前出土的最大的良渚文化刻纹玉璧，弥足珍贵。

关于玉琮的起源，更是众说纷纭，有人认为它源于土地经界和定居意识；有人认为是源于对日常用具的模仿和夸张，是织机上的部件；还有人认为是源于烟囱之类的物体，但都没有令人十分信服的依据。尽管如此，大多数学者却都承认这样一个观点：玉琮是和某种神的崇拜有关的礼器，是神权的象征，它往往显示了墓主人特殊的身份和显赫的地位。

这些探索和讨论让玉琮成了良渚玉器中最具神秘色彩的器物。

与玉琮一样被视作礼器的玉器还有玉璧。玉璧是良渚玉器中单位面积最大的器种。专家认为这类玉器是由宽扁形玉环或玉镯沿着外径变大、孔径变小的趋势演变而来的，至良渚文化中期形成成熟的器型。与琮追求高度、忽略细节的演变趋势不同，璧从早期到晚期的嬗变体现出追求圆大和精致并重的趋势，显示出璧在良渚文化中的地位有一个逐步提升的过程。值得注意的是，良渚文化玉璧的出土数量远比玉琮多，而且墓葬内出土的璧常有精致和粗糙之分。其中，"琮王"的发现地反山出土的玉璧就多达125件，是璧出土数量最大的一宗。

有许多学者根据《周礼·大宗伯》中的"苍璧礼天"和郑玄注"璧圆象天"等史料，主张良渚玉璧是仿照天之圆形而制作的，是先民"天圆地方"等天体信仰、意识的产物，当时是被用作祭祀上天的礼器；也有人说玉璧是先民对太阳神灵观或日环食现象的反映；甚至有人认为璧体所以称作"肉"，其实是指食物中的"肉片"，而"好"字是"孔"字的误写，玉璧实际代表"大肉片"，它是先民"鬼神食玉"宗教观念的体现。

联系古代文献的记载及商周考古发现的资料，基本可以确定，良渚玉璧应该是先民献祭神明的一种礼器。在这种共识前提下，有学者对于玉璧的功能提出了一些有趣的观点，认为反山之类的大墓中随葬玉璧的现象，结合同时期有的墓葬用玉殓尸的实例，推测玉璧又是一种用来殓尸防腐的

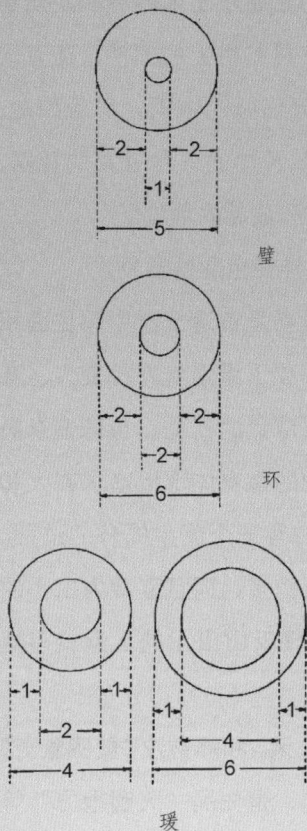

璧

环

瑗

《尔雅·释器》载："肉（周围的边）倍好（中间的孔）谓之璧，好倍肉谓之瑗，肉好若一谓之环。"说的是根据中央孔径的大小可以把这种片状圆形玉器分为玉璧、玉瑗、玉环3种。从考古出土的实物看，古人在制作玉器时，对于玉璧的孔径与器体的比例并没有严格的规定，因此今天我们习惯上把宽边小孔径的圆状器统称作璧，而窄边大孔径的称为环，一般不再用"瑗"这一名称。

法器。此外，个别墓葬中玉璧数量众多，且加工粗糙，结合玉璧外形又正好与先秦时期的圆钱相同等迹象来看，有人提出良渚玉璧还应是财富的象征，可能是一种原始的货币。

《周礼·大宗伯》中"以苍璧礼天，黄琮礼地"的记载，应该说是无法准确反映出良渚文化时期玉琮和玉璧的功能及使用状况的，但有一点是可以肯定的，也是这段记载有所体现的——无论是玉琮还是玉璧，一定是和古代宗教祭祀活动有直接关系的礼器，它们身上有着古人的精神寄托。

除了上述两种礼器外，还有另一种在良渚文化中象征权力的玉器——玉钺。就在距离"琮王"出土的地方不远，考古学家发现了这样一件十分罕见的玉钺。这件玉钺在造型上和别的玉钺并无二致，整件器物呈现出"风"字形，弧刃。罕见之处就在于这件玉钺上两刃角的正反两面分别浅浮雕完整的神人兽面纹和鸟纹，这在良渚文化的玉钺当中是绝无仅有的，反映出这件玉钺的不同寻常，因而有"钺王"之称。

玉　钺

良渚文化（距今5300～4200
年），通长17.9厘米，柄端宽
14.4厘米，刃部宽16.8厘米，最
厚0.9厘米，孔径0.55厘米。

玉钺瑁

前端高3.6厘米，后端高4.7厘
米，最宽8.4厘米，最厚1.35
厘米。

玉钺镦

通高2.8厘米，宽8.3厘米，厚
2.3厘米。

　　良渚文化中的钺有石质和玉质两种，刃部大多不见使用痕迹，说明它
们虽然有等级之分，但多数并不是实用器。玉钺在良渚文化时期十分盛行，
是由穿孔的石斧发展而来的，正因如此，许多人认为玉钺是军权的象征。
一柄豪华的玉钺包括钺、柄、柄上端的瑁和下端的镦。主人手握钺柄，钺

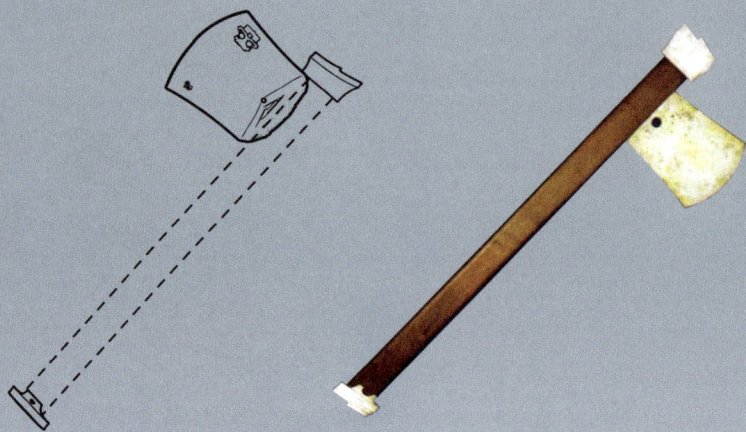

玉钺完整结构图

身靠在肩上，瑁在上端，彰显着其拥有的军事权威，想来是何等威风的场面。这件"钺王"正是这样一柄难得的豪华之作。出土时，在它安装柄的对应位置的两端就发现了玉质的瑁和镦，只是时间久远，木质的柄早已朽坏。

良渚文化中，玉钺大多出自级别较高的大墓，一般是一墓一件钺。至于石质的钺，则随葬数目较多，个别墓葬中随葬的石钺竟达百余件。凡出土有玉钺的墓，其随葬品往往较为丰富，看来墓葬主人应是氏族显贵。

在"巫政合一""王权神授"的良渚文化中，象征着神权的"琮王"与象征着财富的玉璧（玉璧象征财富的这种说法，可能是现在最常被人提起的说法了）和象征着军权的玉钺一同构筑起良渚文化的等级阶梯，折射着 5000 年前的文明之光。

神秘兽面纹

不论是"琮王"还是"钺王",上面都雕有一个画面简略、抽象、不知所以的神秘图案,人们称之为"神人兽面纹"。"琮王"上的神人兽面纹是其中最完整的形象,它分为上、下两个层次。第一个层次是一个头戴羽冠、面佩倒梯形面具,双臂自肘部向里弯折,十指平伸,拇指上翘的人的形象。第二个层次是一头嘴露獠牙的呈蹲踞状的野兽形象。

起初人们对这个图案并没有太过在意,但它反复出现在不同地点出土的不同玉器上,引起了考古专家们的关注。由于这一图像内涵深奥,颇具神秘气息,而且刻有这类图案的器物往往制作得尤为精细并出土于大墓中,所以有学者将其称为"神徽"。解读"神徽",对于研究良渚文化的社会性质和精神世界都有着重要的意义,所以一直以来备受海内外专家的重视。

有些海外专家认为,中国古代文明是萨满式文明,世界在他们眼中被划分为天、地、人、神等多个层次,宗教人物的任务就是沟通不同的层次。神徽所表现的正是巫师与他的动物助理的形象,可称为"人兽符号"或"巫符号"。

国内有学者进一步认为,神徽上的猛兽实际上就是老虎,说明良渚文化时期人们信仰老虎。据葛洪《抱朴子》中记载,"骑虎"可以"周游天下,

神人兽面纹

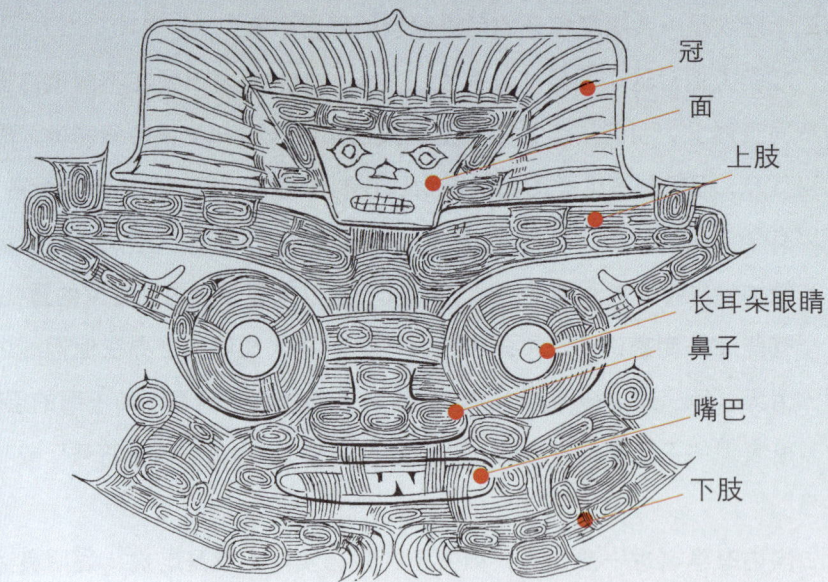

神人兽面纹线描示意图

冠

面

上肢

长耳朵眼睛

鼻子

嘴巴

下肢

不拘山河"。因此，神徽的含义应该是巫师骑上张口嘘气的老虎，通天达地，与天神往来，借此洞晓天机，并传达给世人。神徽上通体状如卷云的纹饰，表示云层和云朵，有升天通神的含义。

另有学者把"神徽"称为"神祖动物面复合像"，认为在古人的观念中，神祇、祖先、动物三者为一体，而且可以相互转化。其中动物是巫师的助手，既是神的使者，也是氏族生命的来源。

良渚文化的"神徽"究竟想要表达什么样的含义呢？目前还没有一致的结论，还需要继续做深入的研究。

历史的迷思

良渚先民用勤劳的双手、卓绝的智慧创造了震古烁今的良渚"玉文化"，让我们在感叹良渚玉器光彩夺目的同时，也不禁产生了诸多疑问：

用来制作良渚玉器的玉料源自何方？

古人用什么工具制玉？

良渚先民从哪里来？

良渚文化最后又是怎么消失的？

诸如此类的众多未解之谜至今仍为人所津津乐道。

一、玉料来源之谜

良渚文化出土的玉器种类和数量非常多，说明良渚文化时期玉石的用量是很大的，而这要有丰富的玉矿作为后盾。那么，良渚文化的玉矿究竟在哪里呢？

带着这个问题，考古学家早就在良渚文化范围内遍寻群山，但很长一段时间后仍没有发现良渚时期的玉矿。于是就有人认为良渚文化的玉料是从盛产玉石的辽宁或新疆辗转运送过来的。这样的结论让世人实在难以置信。想象一下，在史前社会，人口稀少，社会生产力远不发达，无论是交通工具还是运载工具都十分简陋，良渚先民是如何将如此大量且沉重的玉石从远在数千公里之外的产地跨越千山万水运送过来的呢？

天上不会掉馅饼，当然更不会掉玉石。专家注意到这样一个有趣的现象：良渚文化的近山地区在出土玉器的数量上明显占着优势，而相对处于平原少山地区的高等级大墓内，虽有玉礼器出土，但随葬玉器的数量却比较少。可见在整个文化系统内存在着玉料再分配的流动现象，但近山地区仍是良渚玉器出土最丰富的地区。所以专家执着地认为，在良渚文化的范围里，一定有着一处或多处被人遗忘的玉矿，它们很可能就在良渚遗址群周围的群山中，尤其是天目山的余脉。文化可能会消失，但先民们开采过的古玉矿应该还存在。不得不提的是，1982 年，江苏省地质矿产局工程师钟华邦在溧阳南部小梅岭首次发现了透闪石软玉矿床。小梅岭系横贯宜溧地区的茅山支脉，玉料硬度 5.5 ~ 6 度，比重 2.98，质地细腻坚韧，色泽呈白色、青绿色，有较好的透明度，呈蜡状光泽，同良渚文化玉器所用玉料性状相似。这样，良渚文化玉料的来源，可以确定为就地取材。但至今考古专家们还是没有找到古代先民开矿取料的矿场遗迹，只能说良渚的玉器原料来源于不远处的天目山山脉、茅山山脉的个别山体中，而无法在这

柴泥山　　颜子坟　　石前圩

和尚地

扁担山

金地

阿太坟

后头山

黄泥山　　湖寺地　　　雅 山　　周村　　　　　前山

西边山　　庙家山

黄家头　　沈家头　　　　高北山　　　　马金地　　美人地

毛竹山　朱村坟　　　龙里　小马山　　　　里山

白元畈　反山　　　　　　　　　　石安畈

张墩山

大地

沈家山　　　　　　　　　　　　钟家村　　　　　郑村头

沈家坟　粟树头　　　　　　花园里　　　金家弄

皇坟山　　　　　　师姑山

矩形山

洪家山

张家山　　沈塘山　　　野猫山

张家墩

仲家山

文家山　　　　　　　　　　　　　　冢山

杜山　　　　　　　　　　西头山

凤山脚

南墩

些"个别山体"中找到确切的良渚时期矿场所在。

可以想见，对于良渚玉料来源之谜的探索还将继续下去，而答案只能等待更多的考古资料来揭晓了。

二、制玉工具之谜

凡是见过良渚玉器上"神徽"图像的人，都会在震惊之余感到震撼。就拿"琮王"上的神人兽面纹来说，它高不足 3 厘米，宽不足 4 厘米，神人的羽冠及手、神兽头部和前肢上都刻有细如发丝的线条。透过放大镜观察，人们甚至能在 1 毫米宽度内看到刻着的四五条细线，而且这些细线被

良渚文化遗址分布图

刻画得如此圆润、流畅，彼此之间极少迸裂、分叉，显得格外清晰，堪称史前微雕杰作，令人拍案叫绝。人们不禁要问，在没有金属工具的良渚文化时期，在如此坚硬的玉石上是如何刻画出这些细线的呢？

这样的问题是许多细心的观者都会提及的问题，学者们更是争论至今，有人说"他山之石，可以攻玉"，这些细线是用细石器（石髓）刻画出来的；有人认为这些纹饰是用鲨鱼牙齿刻画出来的；有人通过检测手段认为良渚文化玉器大部分呈鸡骨白色和象牙白色，表明古人是采用焚烧加热的方法，使得玉石表面硬度降低后再进行加工的。

　　然而，上述种种说法却都遭到了另一些学者的否认。他们认为，细石器虽然部分硬度很高，可以超过良渚文化所用玉石的硬度，但用来雕刻玉器时很快就会钝化，不适合用来进行精细的加工。而鲨鱼的牙齿虽然在良渚文化的大墓中有所发现，但不能证明其是雕刻工具。另外，有人还曾亲身试验证明了与玉石有相近或稍低硬度的鲨鱼牙齿无法在玉石上刻画出此类线条。至于先加热玉器降低硬度后再雕刻的方法看似简单易行，有很强的可操作性。但无论是从出土的良渚文化玉器上纹饰的规整、细密却极少迸裂和分叉的情况来看，还是从表面的光亮程度来看，玉石并没有被焚烧过，因为加热软化后的玉器在刻画图案时很容易迸裂、分叉，而且这样的玉器入土四五千年后不仅其表面会失去光泽，还会变得非常酥松，甚至变成粉末状。

　　在这个问题上，有日本学者认为古人，在良渚玉器上用的刻刀是天然钻石。钻石作为自然界中最坚硬的物质，足以用来雕刻玉器。可是目前还没有资料显示四五千年前的良渚先民认识到了钻石的特性，同时在良渚文化遗址发掘中也不曾出土过钻石。这种观点目前只能说是一种合情合理的推测，仅此而已。

　　良渚先民们用什么工具制作出了如此前无古人、后无来者的微雕，创造出了如此叹为观止的"玉文化"？今天的我们知道的依然很少。正因为这些玉器上的微雕制作得如此匪夷所思，才使得有些人认为这些微雕杰作是天外来客曾经驾临地球的证据，把这归咎于一种超出人类想象、超出人力所及的力量，对此，我们大可一笑了之。但这也恰恰折射出良渚先民那超然的智慧。有一点是可以肯定的——这层历史迷雾还需要大量的研究、资料才能慢慢退去，当迷雾散去的那一天到来时，我们将会看到一个文明之光更加耀眼的良渚文化。

三、从哪里来，到哪里去

如此辉煌文明的创造者——良渚人是从哪里来的呢？他们属于哪个部族，是土著还是迁入的呢？

传说中大致与良渚文化在时空上能有所对应的部族有蚩尤、防风氏、羽民国等部族。有趣的是，学术界主张良渚人属于上述任何一个部族的观点都有。

其中比较流行的一种说法认为良渚人是蚩尤的后人。传说中的蚩尤是位于东南方的蛮夷，英勇好战，不断与周围其他部族发生冲突和战争，并在与黄帝的部族开战后落败。这则传说与良渚文化的族属、地望等都有吻合之处。其中蚩尤部族中有一支首领叫九黎的大部落，它的分布范围包括了良渚文化的区域。九黎族中有一支叫羽人或羽民的，他们信奉鸟，把它视为祖先，这正好和良渚人的信仰吻合。在神人兽面纹上清晰地展现着神人头戴羽冠的形象。以上推理虽然说得通，但缺乏必要的证据，所以当前关于良渚人从何而来这个问题，依然是我们心中一个解不开的谜。

神秘的良渚人创造了 1300 多年的辉煌后，像一颗流星，在令人目眩神迷后突然"失踪"，进而又给世人留下了一个千古之谜。良渚人"失踪"之谜引来了海内外学者各种推测。诸如海侵掩埋说、洪涝灾害说、战争衰竭说、自我灭亡说等，都没能真正解开良渚文化消失之谜，反倒让人充满了对有朝一日真相大白的期待。

良渚的"良"是美好的意思，而"渚"则是指水中可居的小洲。正是这样一个"美丽的小洲"，在 1936 年那石破天惊的考古发现后，成为中华 5000 年文明史中最具规模的地区之一，拉开了探索中国南方史前文化的序幕。而光芒过后，留给我们的是"琮王"般凝结着先人才智的精美玉器，更有许多未解的千古之谜！

5 2400多年前的音乐厅
——春秋伎乐铜屋

名　　称：伎乐铜屋
文物级别：一级
类　　别：铜器
材　　质：铜
年　　代：春秋（前770—前476年）
规　　格：通高17厘米，面宽13厘米，进深11.5厘米。
推荐理由：目前发现的唯一一座先秦时期的青铜房屋模型，是综合反映越人建筑、生活、图腾的青铜精品。

铜屋的造型、纹饰以及人物发式等，具有鲜明的越
文化特色，可能是越人用于祭祀活动的宗庙建筑，人称
"2400多年前的音乐厅"。

青铜是铜和锡的合金，青铜器在世界很多地方都有，已经成为一种人类文明成就的象征。在全世界的青铜器当中，中国的青铜器制作精美，工艺高超，世人都公认其代表了世界青铜器的最高水平。

有这样一件青铜器显得格外独特，它堪称春秋时期青铜器的巅峰之作，对我们了解当时的建筑形态、人物形象、生活习俗、祭祀仪式等也有重要意义，它就是浙江省博物馆的"镇馆之宝"之一的春秋伎乐铜屋。在一同出土的17件青铜器中，这座造型精致巧妙、色泽莹润悦目的青铜房屋模型堪称翘楚。

铜屋平面为长方形，三开间，三进深。南面敞开，无墙、门，立圆形明柱两根。东西两面为长方格透空落地式立壁。北墙仅在中心部位开一小窗。四角攒尖顶，中央的八角柱上立一大尾鸠。屋下有4阶。屋顶、后墙及4阶均饰勾连回纹，八角柱各面饰S形勾连云纹。室内跪坐6人，束发裸身，造型生动，各司其职：二人双手相交于小腹，应是乐伎；其他4人或做吹笙状，或做抚琴弹拨状，或做执槌击鼓状，或做执棍击筑状，当为乐师。伎乐铜屋是目前已知的唯一一座先秦时期的青铜房屋模型，这种经过艺术加工的模型虽然未必能够准确地反映民间住屋的具体形制，但透过它，多少能获得一些当时建筑的信息。铜屋中的奏乐人则反映了越人音乐生活的生动场景。铜屋八角柱上的大尾鸠还传递了越人精神生活的另一类信息，那就是越人对鸟的崇拜。伎乐铜屋所提供的多方面的信息，使越人生活的画面变得十分丰满和清晰。

铜屋内执槌击鼓的乐师

冥器精巧，用途不明

　　1982 年 3 月，考古专家在绍兴市坡塘狮子山一座编号为 M306 的古墓中发现了这件伎乐铜屋。这座古墓是浙江省内首次发现的规模比较大的先秦时期的墓葬，年代为春秋战国时期。经过科学发掘，在这座古墓中先后出土了铜器、金器、玉器等陪葬品共计 1244 件，可见这是一座规格很高的墓葬。而这些发掘出来的文物，它们中的绝大多数，今天就收藏在浙江省博物馆。

　　其中这件伎乐铜屋外观十分小巧，但制作工艺非常复杂。在这样一座立体的小房屋里面，有形形色色的做工精巧的人、乐器，它们是怎么组合在一起的呢？现今比较权威的说法是古人运用了分铸法加以制作而成。就是把屋顶、乐器、乐师等各个部件分开浇铸完成以后，再铸造铜屋的主体，最后用铜和锡作为焊接剂把它们焊接起来，这种工艺即使在今天看来也是非常了不起的。

　　这座铜屋，花这么大力气打理，到底要反映什么？表现什么？

　　对此虽有多种解释，但始终没有一个公认的答案。一种意见认为，从所表现的场景看，铜屋是一个戏台，正面无门无墙，可供观看。

　　然而，如果是演戏，为何里边的人都是跽坐着的？坐着怎么演戏？如果不是演戏，那么从两个女性人俑的吟唱状态推断，屋内有可能在进行着一场二重唱的演唱会。但这是什么场合下的表演？为什么这些人还都是裸体呢？目前都还不得而知。

从整座铜屋来看，屋顶有一根铜柱，柱上有一只大尾鸠，这应是古代越国时期的图腾。那么，伎乐铜屋反映的会不会是古代越族的巫术活动呢？

从《越绝书》的记载来看，古代越地是有巫术场地和活动的，如"巫山者，越鬼扁神，巫之官也，死葬其上，去县十三里"。但由于资料缺乏，当年的巫术活动是不是有类似铜屋中的场景，尚无可靠证据加以证明。由于缺少相应的史料记载，墓中其他出土物也找不到可做佐证的迹象，因而伎乐铜屋的作用至今还没有一个令人信服的答案。

关于伎乐

众多专家在研究了伎乐铜屋后认为铜屋内的伎乐场面还从侧面体现了中国古代文化一个特别突出的特点——礼乐制度。

说到礼乐制度，人们最先想到的必定是孔子。其实孔子并非礼乐制度的创始者，而是一个追随者。孔子终生倡导的是周公所创立的礼乐制度，孔子曾表示："郁郁文乎哉，吾从周。"孔子认为西周的"文"很繁荣，具有了发达的文化，他毕生赞扬、学习西周的文化。而西周的文化主要体现在礼和乐上面，礼乐制度实际上成为西周文化的核心。

周公创立的礼乐制度相当复杂，但也可以用简单的话做一些概括。那就是：在不同的场合，不同身份、等级的人要用不同的礼仪，即今天人们口中的"制度"和"行为规范"。同时，在这些礼仪中使用的音乐也有所不同，即不同身份的人使用的音乐也会不同，配合着"制度"与"规范"的差异，作为表现形式的现场音乐也会不同。比如，两国的国君相见，在这种场合下要演奏《大雅》中的曲子；如果是诸侯招待他国的使臣，那么就要演奏《小雅》里的曲子。不仅是演奏的音乐不同，就连演奏音乐的乐队规模也不同。这方面是有严格规定的，是一点都不能乱的。比如，天子的歌舞表演队的规模是8行，每行8人，共八八六十四人，这称为"八佾"。难怪孔子在看到一位诸侯按照天子的礼乐制度使用了

踞 坐

何谓踞坐？这是古代的一种坐姿。在今天的人看来与其说是坐姿，倒更像是一种跪姿。踞坐要求上身挺直，双膝着地，双腿并拢，并将自己的臀部放在自己的脚后跟上。这种坐姿在今天中国的社会生活中不常见，在日本倒是常见。在古代中国，这种坐姿是最端庄、肃穆的一种坐姿，往往在最正规的场合使用。

雅

雅，是《诗经》中的一种体裁，是"王畿之乐"，是朝廷乐歌，有"正"的意思。当时的人们把王畿之乐看作是正声——典范的音乐。"雅"可分《大雅》和《小雅》，共105篇，是西周到春秋时期周天子、诸侯国君及贵族们生活的真实反映。其中的多数诗歌是在各种典礼上配乐演唱的，它们的得名和这些诗歌最开始应用的场合有关，用在重要典礼上的称为"大雅"，另一些则名为"小雅"。从风格上说，《大雅》雍容典雅，诗味不浓，《小雅》生动活泼，艺术价值较高。《诗经》体裁中的"风""雅""颂"和修辞手法的"赋""比""兴"合称为《诗经》的"六义"。

"八佾"后，认为这样的做法乱了规矩，于是说道："八佾舞于庭，是可忍孰不可忍。"这正是孔子口中的"礼崩乐坏"。

春秋伎乐铜屋所反映出来的这种乐队阵形是不是完全符合春秋战国时期礼乐制度的规定呢？

从目前的情况来看，这个问题很难搞清楚。原因在于我们到目前为止还没有搞清楚这座高等级墓葬的主人究竟是谁，也就无从判断在当时制度下墓主人应该具有的乐队规模。然而我们知道，绍兴是古代越国的都城，尽管我们未必能够从伎乐铜屋这样一件国宝身上去了解很多中国古代礼乐制度的细节，但是我们依然可以从它身上发现很多越地文化的基因，如使用的乐器种类以及人们的生活装扮等。

断发文身

说到当时生活在越国的人们，他们的一些生活习惯、习俗，在当时北方中原地区的人们眼中可以用匪夷所思来形容。在这些习惯和习俗中，史籍描写最多的就是"断发文身"了。

什么叫断发？

简单地说就是剪短头发。我们知道古时的主流文化中，人们轻易是不剪头发的，尤其是在成年后，他们认为"身体发肤，受之父母，不得毁伤"，

铜屋中剪短头发的乐伎

剪头发在当时是非常大的一件事情。但是越人就截然不同了，他们会剪短头发，前额留着齐刘海，甚至还常常变换发型，这让当时中原的汉人觉得很惊奇。庄子在《逍遥游》里"宋人贩帽"的故事讲了一个宋国的人来到越国贩卖他的帽子，结果他发现越国的人都是短发，不戴帽子，结果帽子卖不出去。故事讽刺了那些做事前不做调查，盲目行事的人，却同时反映了越人断发并且"不着冠"的传统。

"文身"比较好理解，与我们今天所讲的文身意思一致，就是用带有颜色的针刺入皮肤底层而在皮肤上制造一些图案或字眼出来，使身上带有永久性花纹。越人的"文身"主要包括额头上的"雕题"和上肢的"错臂"，更有甚者全身上下都"文身"的，图案多以龙和蛇为造型。虽然在伎乐铜屋中的乐师身上没有明

绍兴漓渚出土的铜杖镦

铜杖镦上文身的越人

凤鸟纹铜插座

春秋（前770—前476年），通
高16厘米，边长10厘米，重
10千克

显的"文身"，但是在与伎乐铜屋一同出土的凤鸟纹铜插座上，可以看到在四角跪着的人身上有清晰的"文身"。而绍兴漓渚出土的铜杖镦上那最为经典的人像为"断发文身"做了最集中的展示。

这些在当时人眼中极具"蛮夷"本色的装扮被众多的专家解读为越人适应环境的一种"伪装"。古代的越人常年生活在河网纵横的南方，这里湿热并且雨水丰沛，"陆事寡而水事重"。为了便于在这种潮湿多水的环境中生产和生活，他们将额前和两鬓的头发剪短，避免那些被汗水或者雨水打湿的头发下垂且贴在眼睛上而影响视线。在这样的地理环境中，越人还经常"与蛟鳄鱼鳖为伍"，这时的"文身"还具有某种巫术的功能，让水中各种恶龙和恶虫不敢伤害他们。"断发文身"这种风习，不仅有助于我们想象古代越人的形象，也帮助我们大致了解了古代越人的生活环境以及由环境造就的生存方式。

鸟之图腾

古人生活的自然环境对于古人始终有着深刻的影响，不仅影响着他们的生活方式，还影响着他们的思考方式。图腾崇拜就是古人思考方式的最好表现之一，可以说是古人的思想再现。伎乐铜屋上就有越人的这种思想再现。

我们知道，古代的越人崇拜鸟，以鸟作为图腾，经常把鸟作为至高无上的神物装饰在器物上。在伎乐铜屋的屋顶上就装饰着一只简朴的鸠鸟。很明显，这和古代越人崇拜鸟有直接关系。古代越人相信鸟有一种神秘的力量，可以飞行于人与天神之间，有沟通人与神的功能，因此往往有权杖的杖首立有鸟的形象。到了汉代时，顶端有鸠鸟的手杖甚至要由国家政府颁发给老人，以此将敬老爱老制度化，弘扬敬老爱老的精神。

《后汉书·礼仪志》中记述：

仲秋之月，县、道皆案户比民，年始七十者，授之以玉杖（王杖），哺之糜粥。八十、九十，礼有加赐。玉杖长尺，端以鸠饰。鸠者，不噎之鸟也，欲老人不噎。

鸠杖通常杖顶端立有鸠鸟，象征着老人饮食如鸠，咽而不噎，这是一种健康祝福。所授之杖，是由皇帝所赐，故称王杖，显其身价。因此，史书中常称鸠杖为王杖。

可见，古人将鸠杖视为尊贵、受人尊敬的象征。回头审视伎乐铜屋的屋顶，上面立的不正是这样的一支鸠杖吗？

也正是鸟能飞的这一特性，让古人把很多生活中观察到的、发生在天上的、自己不能解释的事情与它结合起来，认为是神鸟所为，更是加以崇拜。早在7000年前，同样生活在浙江的河姆渡人用双鸟朝阳纹象牙蝶形器上的神鸟形象传递着这样的信息。另外，鸟旺盛的生命力让古人引申出生殖、再生以及不死等含义，尤其是鸠鸟对子女一往情深，总是尽心养育照料；一经相配则终身不离不弃的这些习性和特点，与古人的伦理道德标准相吻合，正中古人下怀。以上种种原因相互影响、结合，让鸟崇拜在中国古代长盛不衰。鸟既然具有如此众多的"神性"，那么伎乐铜屋屋顶上的立鸟是不是在告诉人们，屋内的音乐表演和鸟的这些"神性"有关，和某种祭祀或者巫术有关呢？

顶端有鸠鸟的铜杖首

铸着鸠鸟形象的春秋伎乐铜屋，造型精致巧妙，色泽莹润悦目，当真是中国春秋青铜器当中的精品。它包含着非常丰富的信息，把古越先民歌乐生活的风情形象而生动地传给了后人。

越人歌起

据史料记载，中国从西周到春秋战国时期，民间流行鼓瑟、吹笙、弹琴等器乐演奏形式，那时还产生了《高山》和《流水》等名曲。在春秋战国还有大量记载音乐的文献著作，如《诗经·小雅》中就记载："琴瑟击鼓，以御田祖。"而伎乐铜屋作为一种实物例证，出现了琴、鼓、瑟等乐器，提供了古代越人音乐生活的形象资料，具有极高的历史价值。

今天，时间过去了这么久，我们要了解古代越人在音乐艺术方面的成就，除了这件伎乐铜屋外还有什么别的特殊途径吗？有，那就是一首歌谣——《越人歌》。

关于《越人歌》有两种说法。

其一，《越人歌》相传是中国历史上第一首译诗，是一部翻译作品。鄂君子晳泛舟河中，打桨的越地女子爱慕他，就用越语唱了一首歌，鄂君请人用楚语翻译出来，于是有了这首美丽的情诗。有人说，鄂君在听懂了这首歌，明白了越女的心意之后，就迎娶了她。

其二，《越人歌》是一首中国古代使用壮侗族语言的古老民歌，公元前528年，楚国令尹鄂君子皙举行舟游盛会，盛会上，越人歌手为鄂君拥楫并歌唱。一位懂得楚语的越人给子皙翻译道：

今夕何夕兮？搴洲中流，
今日何日兮？得与王子同舟。
蒙羞被好兮，不訾诟耻。
心几烦而不绝兮，得知王子。
山有木兮木有枝，心悦君兮君不知。

子皙被这真诚的歌声感动，按照楚人的礼节，双手扶了扶越人的双肩，又庄重地把一幅绣满美丽花纹的绸缎被面披在他的身上。

由于这首《越人歌》是以两种歌体、两种文本并存传世的，既有越语的汉语音译，也有楚民歌体的汉语译文；既是一首越歌原作，又是一首楚译越歌。因此，历代文人学者对《越人歌》的译诗质量、艺术水平以及它对后来文学作品所产生的影响做了不可胜数的分析和评价，甚至有日本的学者尝试采用马来语来解读。但由于《越人歌》采用的是当时越国的方言，所以解析难度非常大。未经翻译的越人歌原词为32字，翻译成楚歌后变成了54字，在语法结构、音韵格律等方面又有很多不同，因此《越人歌》的真正含义成了千古难解之谜。

今天，人们来到浙江省博物馆武林馆区，就可以在展现古代越国风土人情的展厅中，通过电脑互动的方式聆听到用古语发音演唱的《越人歌》，不远处陈列的就是浙江省博物馆"镇馆之宝"之一的伎乐铜屋。伎乐铜屋历经岁月的洗礼，2500多年绍兴水土的润泽，使它周身散发着如玉一般神秘的光芒。凝视着铜屋，耳畔隐约还能听闻那忽隐忽现的《越人歌》，就好像这歌声是从眼前的乐屋里飘散出来的。它们一同为人们展示着古代越国悠久的历史和灿烂的文化。

春秋伎乐铜屋，一屋虽小，却涵盖了极为丰富的文化信息。它为我们研究春秋战国时期吴越地区的音乐、建筑、信仰和社会活动等提供了宝贵的实物资料，当之无愧是一件珍贵的国宝。

伎乐铜屋正面

6 绝世名剑，古越之魂
——战国越王者旨於睗剑

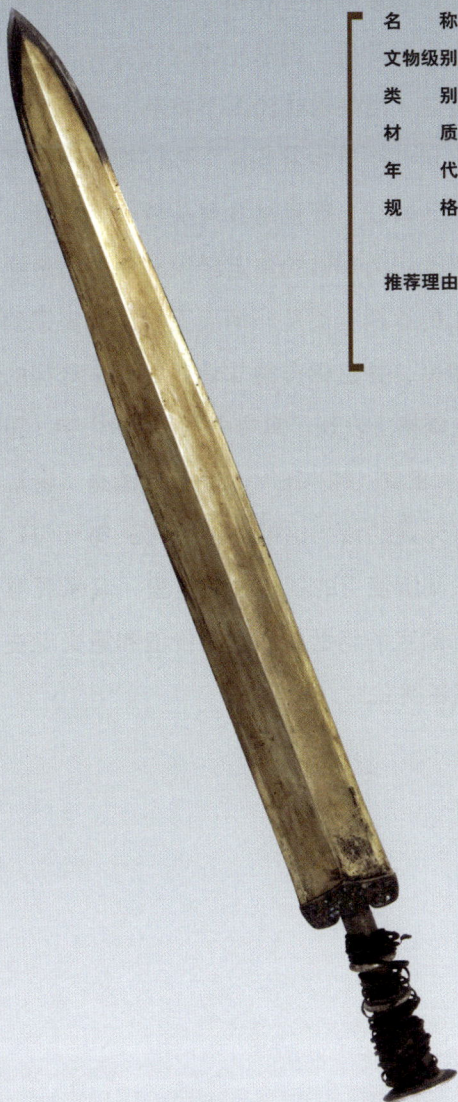

名　　称：越王者旨於睗剑

文物级别：一级

类　　别：铜器

材　　质：铜

年　　代：战国（前475—前221年）

规　　格：通长52.4厘米，格宽5厘米，首径3.6厘米。

推荐理由：保存如此完好的者旨於睗剑在出土或传世的同类剑中可谓举世无双。

　　1995年9月下旬的一天，时任上海博物馆馆长、中国著名的青铜器专家马承源先生收到了一份来自香港的传真照片。照片上出现的是一柄寒光四射的宝剑。据传这柄宝剑出土于浙江，后来辗转流入了香港，当时正在香港等候拍卖。马承源手里拿着照片，仔仔细细地看了起来，很快他的眉头紧锁，而且越看眉头就锁得越紧。原来，马承源凭借他极为丰富的鉴定经验和职业的敏感性意识到，照片上的这柄宝剑是一柄战国时期的青铜剑，它制作得极为精良，并且保存得非常完好，是难得的宝物。稍后他还在剑格上发现了鸟虫书铭文共8个字，正面写的是"戉（越）王戉（越）王"，反面写的是"者旨於睗"。如果考释无误的话，这柄剑就是越王句（勾）践之子——者旨於睗所使用的剑。想到这里，马承源意识到这是一柄堪称国宝的绝世名剑，其价值和意义远在众多已出土的吴越名剑之上。

争　夺

　　想到如此的国宝即将在香港拍卖，而且很有可能被买家带到国外，马承源立即与浙江省博物馆取得联系，筹划赎回国宝，让它回归越国故里。这柄剑当时开价为 100 万港币。由于政府财政吃紧，在筹款期限即将到来时，浙江省博物馆因无力斥资购买而一筹莫展。这个时候，越来越多的国外买家表示希望能购得宝剑，甚至有一位日本藏家愿意出 150 万港币购买，形势变得愈加紧张。在国宝即将流失的紧要关头，杭州钢铁集团鼎力相助，出资 100 万港币赎回了宝剑，并捐赠给浙江省博物馆，终于使得越王者旨於賜剑回归故里。

　　有趣的是类似 1995 年这样的宝剑争夺战在古代历史上也曾多次上演，而且那时的争夺可谓兴师动众、血雨腥风。相传著名的铸剑大师欧冶子曾为越王铸了湛卢、纯钧、胜邪、鱼肠、巨阙 5 柄宝剑，其中湛卢经吴王阖闾后落到了楚王的手中。这时秦王向楚王求剑无果，一气之下出兵攻打了楚国。同样的情况也发生在晋国。当时楚国曾派人到吴越之地请欧冶子和干将为楚王制作龙渊、泰阿、工布 3 柄宝剑，晋郑王垂涎这些宝剑，不惜兴师围攻了楚城 3 年。由此可见当时越地的宝剑有多么出名，成为各国君王竞相争夺的宝物。

盛 名

　　如此受人追捧的越地宝剑靠它极致的工艺、绝佳的性能为自己赢得了世人的青睐，说它是越地的明星产品、第一品牌毫不为过，它配得上任何赞美之词。《庄子·刻意》中说：

　　夫干（吴）越之剑者，柙而藏之，不能用之，宝之至也。

　　看得出制作精良的越地宝剑俨然是人们心中的宝物，让人不舍得拿出来用。然而事实上，越地的剑之所以能声名远播，靠的是它使用时展现出的优异性能。相传越地的宝剑能斩断牛马，甚至是青铜器。如此锋利的宝剑让使用者大呼过瘾，在实战中也能更好地保全自己，名气自然越来越大。盛名之下，越地的宝剑甚至还让人发出了"吴越之剑……迁乎其地而弗能为良"的感叹，认为吴越产宝剑是因为这里的地气，其他地方没有这样的地气尽是枉然。看来当时吴越两地所产的宝剑在质量和性能上已经远超其他地区所产的剑，成为一种无法逾越的存在，以至于当时的人们只能将宝剑的出类拔萃归咎于技术层面以外的"地气"。此等"无奈"恰也证明了吴越两地制剑技艺之"绝"，以及人们对拥有两地宝剑争先恐后的心情。

那么这里的剑为什么会超群出众呢？

这与看似和铸剑毫不相干的越地地理环境有重要关系。当黄河流域的中原地区主要依靠战车作战的时候，在南方的吴越地区呈现出完全不同的情景。这里地处江南水乡，纵横的水网把大地撕成许多碎片，奔驰在北方平原的巨大而沉重的战车几乎没有用武之地。近身格斗的阵战成为吴越地区战争的常规形态。在这样的条件下，吴、越两国军队的主体是步兵，而适合于近身格斗的短兵器——剑，就成为最主要的兵器。正是在这种社会需求的推动下，越地的铸剑技术达到了很高的水平。所以，说到底吴越宝剑之所以精良不在于那些玄妙的地气，而在于战争所带来的真真切切的生存压力与发展需求，以及这种压力和需求催生出的高超铸剑工艺。

观　赏

话题回到这柄历经 2000 余年而重见天日，并再次出现在家乡父老面前的"者旨於赐剑"上来。在接收了来自杭州钢铁集团的捐赠后不久，浙江省博物馆特意举办了一个"越王剑特展"。展览吸引了不计其数的观众前来，他们中有的好奇，好奇什么样的宝物能引来此前如此激烈的争抢；有的崇敬，崇敬古人铸剑所体现出的卓越才智。

来到展厅的人们所看到的这柄剑为铜质，剑的样式为越剑最常见的

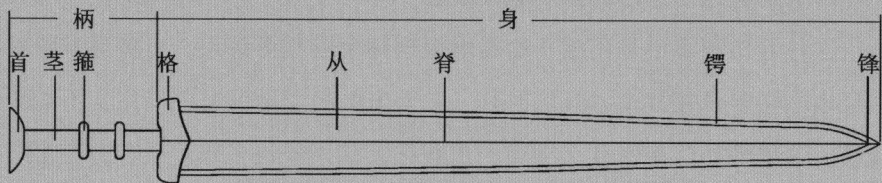

"流行款式"。剑柄是实心的，柄上有两道铜箍，铜箍上密密麻麻地装饰了夔龙纹，精巧至极。剑身和剑柄相连接的部位叫"剑格"。这柄剑的剑格上铸了双钩鸟虫书铭文，范铸极精，毫微毕现。一面铭文为"戉（越）王戉（越）王"，另一面为"者旨於睗"。正是这些铭文告诉我们，这柄剑的主人是一位名叫"者旨於睗"的越王。经过各家考证，现在对于这位越王已经有了公认的定论，他是越王句践的儿子。"者旨"读为"诸稽"，是越王的氏，为祝融八姓之一的彭姓之后，"於睗"是他的名。据《竹书纪年》记载，越王者旨於睗在位 6 年（前 464—前 459 年）。尽管在位时间不长，但出土及传世的越王者旨於睗兵器却不少，仅已知的青铜剑就有北京故宫博物院、中国国家博物馆、上海博物馆、浙江省博物馆及海外藏家等珍藏的 11 件之多。从中也可以看出者旨於睗为王时越国的国力及冶铸规模和水平。在这些众多的"者旨於睗剑"中，保存最为完好的就是浙江省博物馆所藏的这柄。

留心观察，不难发现剑格和剑柄上的铜箍一起，为剑的使用者提供了极好的握持体验——剑格可以防止握剑时剑刃割伤手指及虎口；剑格和第一道铜箍之间容纳食指；两道铜箍之间容纳中指；第二道铜箍和剑柄末端的剑首之间容纳无名指和小指。古时铸剑大师们恰到好处地预留了握持所需的空间，让人在握剑时能舒适地握紧手中的剑，可谓是"用户体验"极

剑格两面铸双钩鸟虫书铭文

（上）一面铭文为：戉（越）王 戉（越）王。镶绿松石，现有部分脱落，脱落处显示出红色黏接材料痕迹。

（下）另一面铭文为：者旨於睗。者旨读作"诸稽"，越国王族的氏，於睗即奥夷（越绝书作奥夷，吴越春秋作兴夷，史记作鼫与，竹书作鹿郢），句践之子。

佳的设计。他们用这样的设计郑重地向后人宣布，2000 多年前的他们也有"人体工学设计"，这不得不使人叹服。

眼尖的人还可以轻易地在剑格上看到字口间镶嵌着薄如蝉翼的绿松石。它们中部分已经脱落，脱落处可以看到红色黏结材料的痕迹。如此精致、精细的宝石加工工艺着实让人赞叹不已。这柄剑还有一个绝无仅有的特征，就是剑柄上至今还缠绕着 2000 多年前的丝质剑缑。这些丝绳现在呈黑色，宽约 2 毫米，松散地卷绕在整个剑柄上。通过仔细观察研究后，专家推测这些丝绳缠绕的方式是：在剑柄的顶端先用宽约 2 厘米的木圈垫底，木圈外用宽约 2.5 厘米的数层丝织品包缠，同时将丝绳的一头压住，然后再将丝绳绕在丝织品之外；而在剑柄的其余部分则是用丝绳直接缠绕，剑柄上至今还能看到当初丝绳缠绕的痕迹。这是研究古代剑柄缠缑的珍贵资料，也得以窥见越国丝织生产之一斑。

这柄"者旨於賜剑"引人关注的还有其附带的完整剑鞘。剑鞘通长 44.3 厘米，上宽 4.8 厘米，下宽 3.5 厘米。剑鞘在制作工艺上毫不含糊，是用两片薄木片依照剑身的形状挖制成形后对贴而成，待剑鞘的木胎制成后，在木胎外面用丝线一圈一圈地缠绕进行加固，最后在丝线外髹上黑漆。剑鞘上没有安装剑璏，估计佩戴的方式是将剑鞘插入腰带之内用来携带的。

宝剑由于保存状态良好，剑身亮泽如新，寒芒泠泠，虽历经 2400 多年的岁月，依然不锈不蚀，风采依旧。剑体磨砺光滑，剑刃极薄，异常犀利，吹毛可断；剑鞘齐全，缠缑完整。集如此多的优点于一身，在出土或传世的吴、越古剑中可谓绝无仅有，因此学术界对其评价极高。

马承源认为：

在已发现千件古剑中，难得有一件与之相匹，此乃剑中之极品，稀世

剑缑（上）

缑（gōu），本义是刀剑
等柄上所缠的绳。

剑鞘（下）

剑 璏

剑璏（zhì）是古代装饰宝剑的玉饰之一，穿系于腰带上，即可将剑固定于腰间。又名剑鼻。

之珍宝……此者旨於睗剑与越王句践剑，可并列为越剑之双绝，为国家之重宝。

李学勤认为：

这柄剑铸工精绝，保存良好，令人叹为观止。实在是罕见的珍品。

这柄宝剑在吸引众多专家的同时，更是吸引了广大社会观众的目光，让众人观后久久不能忘怀。在 2009 年浙江省博物馆让社会观众参与评选馆藏十大镇馆之宝时，这柄"者旨於睗剑"在众人的追捧下，毫无悬念地高票入选"浙江省博物馆十大镇馆之宝"，可以说是实至名归。

炫　技

　　这柄"者旨於睗剑"从多个方面反映了春秋战国时期越地卓绝的青铜冶炼和铸造技术，是越地冶铸技术达到高峰的一个缩影。这种高超的铸造技术主要体现在剑身、柄、格、箍等各部分的成型技术，剑身的磨削技术，铭文的成型技术，剑格上绿松石的加工和镶嵌技术，剑鞘的制作技术等众多方面。俨然是一副铸剑"全能冠军"的姿态，让人肃然起敬。

　　首先，这柄"者旨於睗剑"的金属质地非常纯净。对这柄宝剑进行的成分分析表明，剑的金属成分纯净，杂质很少。正如北京科技大学冶金史研究所柯俊所指出的，这柄越王剑所用的铜锡质地很纯，少铅无铁，几经精炼脱气，表面光洁无瑕，得以辉煌闪烁。这表明春秋战国时期越地的矿采业和冶炼业得到了极大的发展，同时越国为增强国力、称霸中原，尽可能地将优质金属用于铜剑铸造。这也正是越王"卧薪尝胆成霸业"的重要举措之一，突显出越人因时因地的务实精神。

　　其次，宝剑的合金配制十分合理。这柄宝剑表面几无锈蚀，色泽上呈现出黄白色交融的面貌。《吕氏春秋·别类》中称："相剑者曰：白所以为坚也，黄所以为韧也，黄白杂则坚且韧，良剑也。"由此看来，这柄剑正是相剑者眼中的良剑了。这一点和剑的合金配制有直接的关系。我们知道，当时用来铸剑的青铜是铜和锡或铜和锡、铅的合金。熔炼青铜之前，工匠必须对铜、锡、铅等原料进行调配，这是决定最后铜剑性能的关键环节。在一定范围内，青铜中含锡量高，能够提高合金的硬度和强度。但含锡量超过一定的界限，则会使青铜合金变得脆弱易断。只有按合理的比例对各种成分进行调配，才能得到适于铸剑的既坚又韧的青铜。在缺乏化学成分检测条件

的2400多年前，一切要拿捏得如此恰到好处，靠的是铸剑师的专注，一种近乎偏执的专注，一种十年磨一剑的专注；靠的是铸剑师的经验，那些日复一日、千锤百炼、代代相传所积累下的经验。想到此，在叹服于古人智慧的同时，我们心中更多的应该是敬意吧。

此外，高超的剑体铸造与磨削技术也不可忽视。越王剑的制作通常分多次铸造而成，剑铸好后，还

越王州句（勾）错金铜剑

战国（前475—前221年），通长57厘米，格宽4.5厘米，首径3.7厘米。
这柄剑的剑身上有着相互交织的波状暗纹。这种暗纹的制作工艺与1965年冬天出土于湖北省荆州市望山楚墓群的越王句践剑相同。接近剑格的剑身上有鸟虫书铭文：戉（越）王州句自乍（作）用剑。剑锋犀利，剑气逼人。剑出土时附完整的剑鞘与剑匣，极为难得。剑主州句（勾）是句践的曾孙，是越国继句践之后武功最为显赫的君王。公元前448年至公元前412年在位，在他在位的30余年间，越国国势最强。晚年时他曾率军北上灭滕、郯两个诸侯国，是越国向北进展的巅峰时期。

需要经过剥脱、磨削、抛光等多道加工工序。这柄剑的剑身上，肉眼难以察觉到铸痕，足见铸剑水平之高。剑的中脊，呈一条笔直的线条直至剑锋尖端，剑从和两锷交线的对称度和平行度极好，剑身自中脊向从与锷面交线处做出了光滑的弧形凹面过渡，并且左右两个弧形凹面相当规整匀称。这里提到的一切都是那么的协调、规律、齐整。一切放到今天的车床上加工会显得轻而易举，但在 2400 多年前的手工成形时代，就是一件极具难度的事了。完美的剑身说明当时的铸剑师很可能已使用特制的工具和夹具来帮助成形，再加上高超的磨剑技艺，才能磨砺出如此出色的剑身。

另外，宝剑展现了精湛的绿松石加工和镶嵌技术。"者旨於睗剑"剑格铭文的缝隙间布满了米粒大小、薄如蝉翼的绿松石，正反两面估计有数百颗之多。这些细小的绿松石都经过了精心的切割、打磨、抛光，并可能使用了一种红色黏土将其黏结在剑格上。于细微处见真章，古人的宝石加工工艺之高超可见一斑。

还有一处细节不得不提。纵使最细心的观众在欣赏这柄难得的宝剑时，也常会忽视剑首上精致的同心圆。这柄剑的剑首上装饰有 5 圈同心圆。这种装饰仅仅在少数吴越青铜剑上看得到，一般实战用的青铜剑极少使用这种华丽的装饰。它和剑身暗格纹、复合剑的制作技术，并称为吴越青铜兵器技术三绝，具有重要的科技史价值。长久以来，这三大技术一直是困扰学术界的谜，直到近几年上海博物馆的研究人员才成功破解了这些技术难题，重现了越人精绝的铸剑技艺。

复合剑

越王州句（勾）剑上剑身暗格纹

春秋战国（前770—前221年），通长47.5厘米，格宽5.1厘米，首径4.3厘米。
这柄青铜剑采用复合铸造技术，剑脊和剑刃用不同成分配比的青铜合金分别浇铸。剑脊采用含锡量较低的青铜合金，韧性强，不易断折，剑刃采用含锡量较高的青铜合金，硬度高，特别锋利。整剑因此刚柔相济，体现了古代铸剑师对铜剑合金成分比例的控制达到了极高的境界。

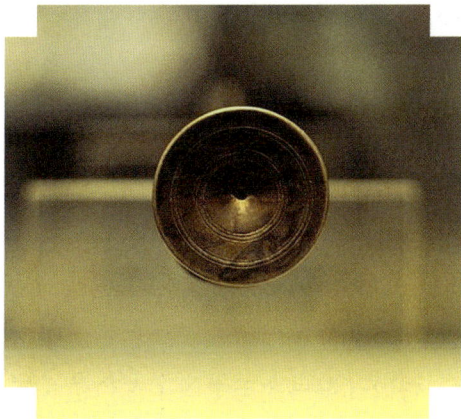

剑首同心圆，比之越王句践剑稍
有逊色，同心圆的圈数没它多。

感　慨

　　在中原人眼里，粗陋的越人无疑属于蛮夷之列。然而，正是这些"断发文身"的"蛮夷之人"，用自己的勤劳与智慧，努力发展农业生产，支撑着国家的成长，成为越国称霸中原的中流砥柱。

　　经济的繁荣与军事的发达是国家强盛的根本。越国能取得辉煌的业绩，越地此后能成为中国经济文化的重心，依赖的正是越人精勤耕战的文化品格。生活在会稽山一带的古代越人不仅要面对贫乏的水土资源，还要面对海陆变迁的严重威胁。这一切都给了越人巨大的生存压力。正是从争生存、求发展的目的出发，当中原国家大规模铸造精美的青铜礼器以祭祀冥冥之中的神明时，越人却用珍贵的青铜原料制造工具、农具和兵器，务实地发展经济，加强军备，把耕和战视为国家事务的重中之重。这就极大地推动了青铜冶铸业的发展，特别是青铜兵器的生产，让这里的青铜剑成为一个传奇。

如今，每每凝视这柄"者旨於睗剑"，总让人仿佛置身于 2400 多年前的刀光剑影之中，回到了那个越王励精图治、卧薪尝胆的年代。在谈及古代越国的时候，人们总是赞叹越人精勤耕战的文化品格和杰出的铸剑技术。这种评价也一次次被出土的文物所证实。"者旨於睗剑"正是这样一个具有特殊价值的证物。它以其突出的历史与工艺价值，不仅见证了越国的兴盛与衰亡，也成为显示越人绝世才智与精湛工艺的不朽代表，体现的也正是越人"精勤耕战"的品质，正是越人生存和发展的关键，是"越之魂"。

7 千年唐琴放清音

——唐落霞式"彩凤鸣岐"七弦琴

名　　称：落霞式"彩凤鸣岐"七弦琴

文物级别：暂未定级

类　　别：乐器

材　　质：木

年　　代：唐（618—907年）

规　　格：琴全长124.8厘米，有效弦长116.3厘米，额宽16.3厘米，肩宽
　　　　　18.8厘米，尾宽12.5厘米，厚5.4厘米。

推荐理由："琴神"雷威所造，见于著录的存世唐琴中音质无与伦比的神品。

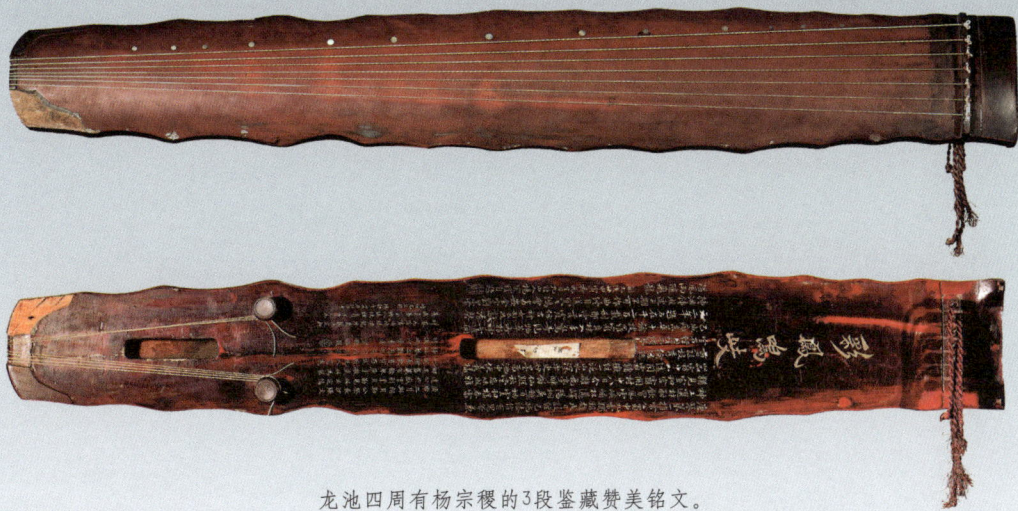

龙池四周有杨宗稷的3段鉴藏赞美铭文。
龙池腹腔内有"大唐开元二年雷威制"题刻。

　　相传大唐开元年间的某一天，在遥远的西南蜀地，"琴神"雷威在北风呼呼的雪天，酒兴大起，用浊酒把自己灌了一通后，当酒意正酣时跑到了峨眉山的深山老林。此时狂风震树，他听着树被风吹动而发出的声音，发觉有些树被风吹得发出了绵延悠扬的回声，于是就选定了这些树材，旋即取来造琴。借由这位有着"琴神"美誉的制琴高手的一双巧手，一件完美的作品诞生了。开元二年，雷威在这件作品的腹部刻下了自己的名字——大唐开元二年雷威制。这一刻，他也许不会想到，这张琴的琴音会在之后1300多年的岁月中回响在数十代文人高士的耳畔；在近1300年后的今天，琴依然能被人抚摩弹奏。

2008 年年底，时年 68 岁的琴家成公亮应邀来到了浙江省博物馆，他此行的目的是为了录制一张古琴曲的 CD。当他来到录音棚里的时候，看到面前的琴造型古朴而浑厚，琴面漆灰虽有剥落但断纹历历，他马上意识到这将是他 40 多年演奏生涯中最不同寻常的一次演奏。

在场的还有著名琴家丁承运和姚公白。几位琴人一同来到这张琴前，不时地低声交流，不时温柔地抚摸着这张琴，已然按捺不住内心的激动。因为展现在他们面前的是浙江省博物馆十大镇馆之宝之———唐落霞式"彩凤鸣岐"七弦琴，制于大唐开元二年（714 年），由"琴神"雷威所制，是历代琴家苦苦追寻的绝品。而他们将有幸用这样的绝品古琴来演奏各自的拿手琴曲。千年古琴将在几位琴家手中重放清音，难怪他们个个激动不已。

凤栖浙博，最佳归宿

"彩凤鸣岐"曾为清道光时定敏亲王载铨所收藏。八国联军入侵后，此琴流落民间，后被民国琴学泰斗、著名古琴学家杨宗稷重金收购。至于收藏过程，杨宗稷在《琴学丛书·藏琴录》"彩凤鸣岐"条中有详细的记载。

"彩凤鸣岐"是杨宗稷的挚爱。此琴声音松透，音色全面，音柔韵长，圆润细腻，余音清晰，杨宗稷称赞此琴为"凤毛麟角矣"。1933 年杨宗稷病逝。离世前，他将 21 张古琴售与当时的浙江政要徐桴。在 1949 年去

杨宗稷

杨宗稷（1865—1931年），字时百，自号"九嶷山人"，清末民初著名琴学大家，中国古琴重要门派"九嶷派"创始人。他曾用21年时间写成《琴学丛书》，是集古今此类书之大成。杨宗稷被当时的社会名流称为"民国古琴第一人"。

台湾前，徐桴将其中14张古琴留在了自己的私人花园——镇海塔峙东岙"塔峙圃"。

3年后，徐桴所藏古琴来到了镇海文化馆。据原镇海文化馆馆长王泰栋回忆："土改结束以后，这批古琴就被农会、农民保护了下来。"让他记忆深刻的是，这14张古琴当时是由十几个农民用扁担挑到镇海文化馆的。那会儿，王泰栋才二十出头，"我对古琴也知之甚少"，但"从雕饰上依然能看出几分气派"。当时王泰栋认为"这绝不是一般的东西"，于是请示当时的县长沈宏康，沈宏康提出，派专人送到省博物馆去。1953年，镇海文化馆将包括"彩凤鸣岐"在内的14张古琴移交给了浙江省博物馆。王泰栋曾笑言，自己离这张千年古琴最近时，"只有不足一米的距离"。多年后知道这些古琴的价值时，他感叹，"彩凤鸣岐"能在浙江省博物馆被细心保存，"也算是它最好的归宿了"。

雅人四好，古琴为首

在古代中国，弹琴、弈棋、书法、绘画是文人骚客修身所必须掌握的技能。古时凡衡量才子佳人者，常以能鸣琴、弈棋、写诗、绘画概括，称之为"琴棋书画"，是当时人们的修身四课。这琴棋书画以琴为首，充分说明琴在我国古代人民生活中所占地位非同一般。古代文人学士几乎无一不好琴者，从孔子到司马相如、蔡邕、嵇康、王维、李白、白居易等文人都是琴人不离身的。甚至不善操琴的韩愈、柳宗元、欧阳修等人也写过不少咏琴诗。

而这之中，以琴为首，不是一个偶然的排列，而是有着它的必然性。这主要是因为琴为音乐，而音乐在古代具有崇高的地位和丰富的文化内涵；音乐有着其他艺术所无可比拟的感染力和影响力，有着突出的社会功能——教化。这样的社会功能正是中国古代的大思想家和大教育家、政治理论家，儒家学派的创始人——孔子所极力推崇的。

《论语·阳货》中记载了孔子的学生子游出任武城县令，一天孔子去武城，听到了弹琴唱歌的声音，原来是子游用礼乐教化百姓。后来，人们就以"武城弦歌"表示为政者重视礼乐教化，治事有方。

《吕氏春秋·察贤》也有类似记载：

宓子贱治单父，弹鸣琴，身不下堂，而单父治。

讲的是孔子的弟子宓子贱在单父做地方官，用礼乐教化百姓，身不出屋而把单父治理好了。

孔子非常看重音乐的社会功能，认为"移风易俗，莫善于乐"。他把音乐看作是治国安邦的工具。由于孔子的提倡，礼乐成为人们修身养性的重要礼仪。而古琴是礼乐之首，这样，孔子的弟子们就把古琴普及城镇的每家每户，家家户户都背诵古琴伴唱的"弦歌"，以此达到教化百姓的目的。

历史上，还有一些文臣士人借用古琴达到劝讽的目的。《东周列国志》载，齐威王吃喝玩乐，不理朝政，邹忌持琴叩见。见到齐威王后，邹忌调好弦就把两手放在琴上，老半天也不弹。齐威王很纳闷，这时邹忌就说：

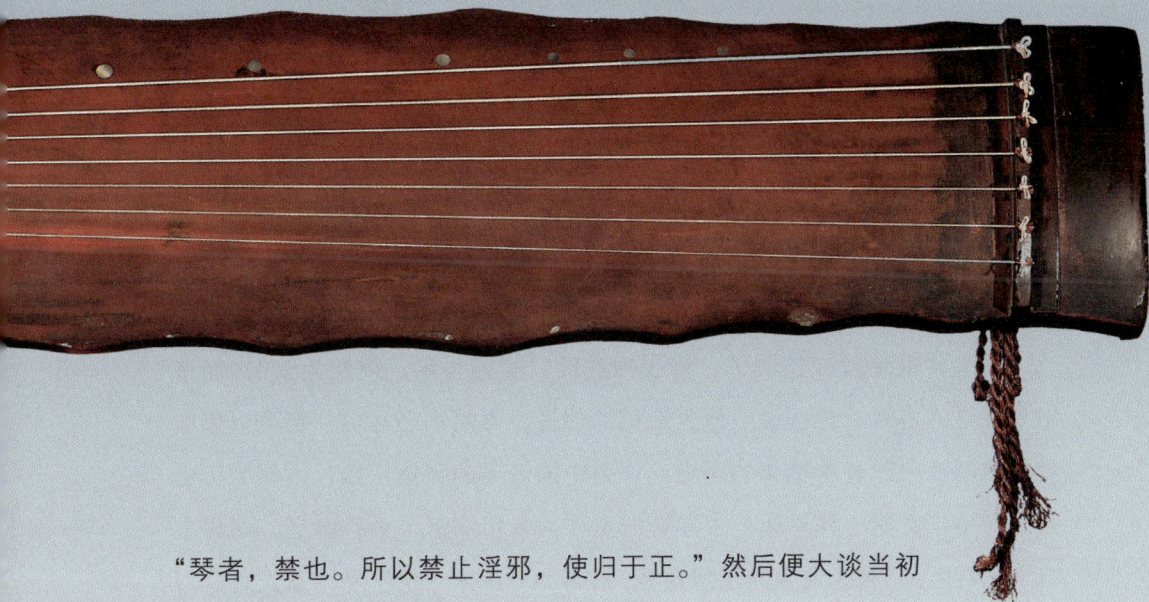

"琴者，禁也。所以禁止淫邪，使归于正。"然后便大谈当初伏羲作琴如何则天法地，如何暗合君臣之道。齐威王听得很不耐烦，邹忌顺竿而上，说道："大王看臣抱着琴说了半天不弹一曲，就有些不耐烦了，可大王您抱着齐国这张大琴整整 9 年不弹一回，就不怕百姓们不耐烦吗？"齐威王猛然醒悟，当即拜邹忌为相，齐国逐步走向大治。

晋代嵇康也肯定了古琴的教化作用，他在《琴赋》序中写道：

众器之中，琴德为优。

如此看来，琴乐在陶冶人的情性，完善人格方面确实起到了不容小觑的作用。而这一切在很大程度上是受孔子影响的结果。

《宫妓调琴图》局部

唐·周昉，绢本。

悠悠琴史，文化象征

其实琴很早就被发明了，传说神农氏"削桐为琴，绳丝为弦"，制造出了最早的古琴。这些说法作为追记的传说，当然不必尽信，但可以借此看出古琴在中国有着悠久的历史。作为中国最早的弹拨乐器，古琴的历史几乎和中华文明一样悠久。古琴音域宽广，音色深沉，余音幽远，深具东方文化特色，历来为文人阶层所重视，被尊为"国乐之父"和"圣人之器"，在漫长的历史中积累了大量的音乐文献，并与其他思想和艺术形式相互渗透，交相辉映，在中华传统文化中占有举足轻重的地位。2003 年 11 月，中国的古琴入选联合国教科文组织第二批"人类口头和非物质遗产代表作"。这一殊荣使这种目前在我国尚处于最冷门位置的、现存的最古老而又最高雅的活着的古琴艺术正式地开始成为人类共同关注并享有的文化财富，引来众人的追捧和膜拜。

古琴音乐神圣高雅，坦荡超逸，古人用它来抒发情感，寄托理想。琴远远超越了音乐的意义，成为中国文化和理想人格的象征。

儒家把琴在教化方面的作用看得十分重要，使得琴的各个部位都有了象征性的含义。明朝屠隆在他的《琴笺》中讲道：

（琴）其制材采峄阳之桐,弦取拓桑之丝,徽有丽水之金,轸尚昆山之玉。桐属阳，为琴面，梓属阴，为琴底，取其阴阳相配以召和也。面圆象天，底方象地，广六寸象六合也，长三尺六寸象三百六十日周天，度也。徽十有三，以应律。前广后狭，象尊卑也。龙池八寸，象八风凤。池四寸，象四气。腰腹四寸，法四时也。弦大为君，弦小为臣，以合君臣之义。至其各部命名亦均有含义：有龙池者，以龙潜于此，其出则兴云雨以泽物，而人君之仁如之；有凤池者，以南方之禽，其浴则归洁其身，而人君之德如也；有轸池者，亦曰轸怀，以其急于发令，切须以成礼也；池侧有凫掌二所，有护轸之动而合制也。凤额下有凤嗉，一所接喉舌而申令者也。琴底有凤足，用黄杨木表其足，色本黄也，临岳若山岳峻极，用枣木表其赤心也，人肩者顾于臣，有俯就随肩之象也。凤翅者，左右翼之有副，主之象也。龙唇者，声所出也；龙龈者，吟所由生也；龙口所以受弦，而其鬓又所以饰之也；凤额所以制嗉，而其臆又所以承之也……

言辞间，屠隆用古琴的选材表达阴阳相配之意，用古琴的造型映射天圆地方之说，用古琴的大小昭示自然法度之理，用琴弦的大小暗合君臣之义等，无不是儒家思想或者说是孔子其人对于古琴的喜爱而产生的"借物寄情"，是"三纲五常"的物质化表现。

必须承认，古琴的造型十分优美。浙江省博物馆藏的这张"彩凤鸣岐"在古琴样式中属于落霞式。落霞式最显著的造型特点是在琴的两侧呈对称的波状曲线。对于这样的造型设计，通常我们认为是古人观赏晚霞的丰富变化，突发灵感，并以此为参照而创造的琴形。看着落霞式古琴那圆转起伏的线条，不正是云霞那奇异的形态带给人们的无限遐想吗？难怪古有诗云："落霞乍续断，晚浪时回复。"

古琴结构图（仲尼式）

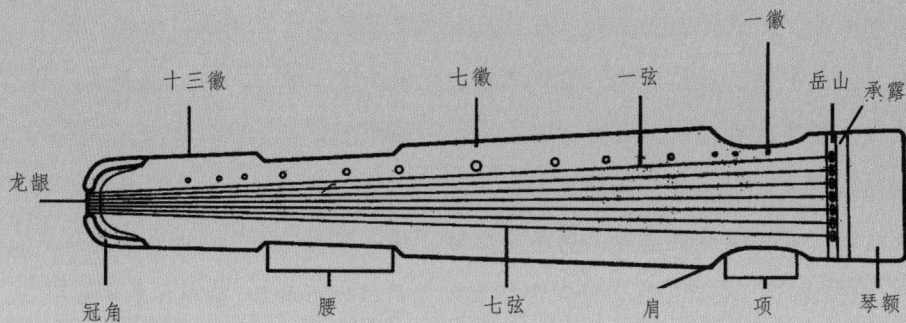

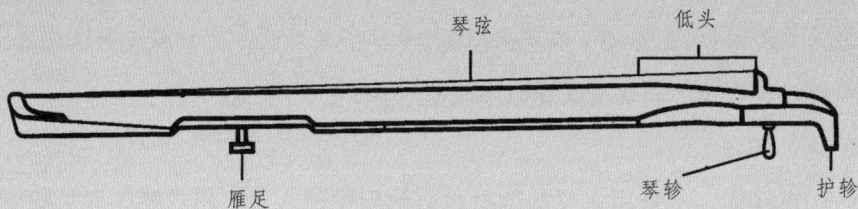

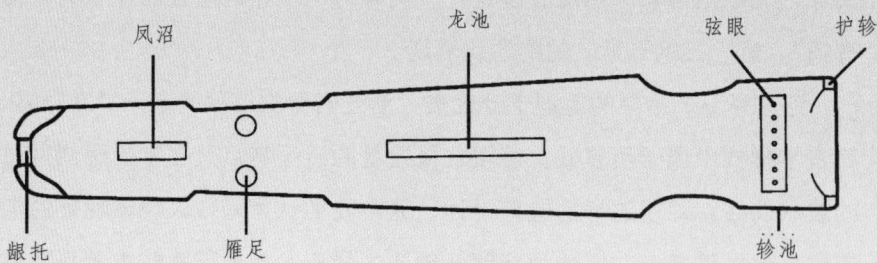

十三徽　七徽　一弦　一徽　岳山　承露

龙龈

冠角　腰　七弦　肩　项　琴额

琴弦　低头

雁足　琴轸　护轸

凤沼　龙池　弦眼　护轸

龈托　雁足　轸池

　　虽然古琴在式样上种类繁多，但是它们的基本结构和组成要素是一致的。据现有的图像及文献资料，我们知道琴至迟在汉末时已大致定型为后世通用的形制。唐代制造的琴传存至今，与宋元明清时造的琴，仅有造型艺术风格和音色追求上的区别。

　　古琴是利用弦的张力引起木质音箱振动而发声的弹弦乐器。音箱木质的好坏，包括其疏松度与音质、音色有着极为密切的关系。所以选材是制琴的重要环节。通常古琴是由狭长条的一块桐木面板（也有用其他松质木材，如杉木）和一块梓木底板（也有用其他硬质木材，如楸木）胶合而成，外表髹以中国大漆。桐木纹理细致均匀，质地松软而较轻，使发音清脆、透彻、淳厚；梓木则纹理紧密、质硬而沉重，不仅使琴体牢固不易变形，更重要的是能够使面板的发音得到良好反射和回响。可见，服务于音色这个"中心"，古琴的选料并非越贵越好，越稀罕越好，而是要看材料是否能出"好声"；如果出的是"恶声"，纵使材料绝顶昂贵也是枉然。

　　面板又称琴面，表面呈拱形，琴首一端开有穿弦孔，琴尾为椭圆形；底板又称琴底，形状与面板相同但不做拱形，并在整块木料下半部挖出琴的腹腔。底板开两个出音孔，称"龙池""凤沼"，腰中近边处设两个足孔，上面安装上两足，称"雁足"。面、底板胶合成琴身，在琴首里面粘有舌形木板，构成与琴腹相隔的空间，叫作"舌穴"。面板背部安装有音梁，又称"项实"。琴腹中有两个音柱，称"天柱"和"地柱"。弦轴又称"琴轸"，多为圆形或瓜棱形，中空（穿弦用），琴弦由丝绒绳系住拴绕于琴轸上。"岳山"镶嵌于面板首部，也开有穿弦孔。面板上嵌有 13 个螺钿或玉石制作的"徽"，用以标记音位。

　　从考古资料来看，汉代后确定了形制的古琴都是前广后狭，这样的设计象征了尊卑之别。古琴一般长约三尺六寸五（120 ~ 125 厘米），象征一

年 365 天；琴面拱起象征着天圆，而琴底平直象征着地方；琴面上镶嵌的
13 个徽位，其中的 12 徽分别象征 12 月，而居中最大之徽代表"君"，象
征闰月。这些设计处处体现着古代中国的宇宙观。这些正是中国古代漫长、
悠久的历史文化所积淀在古琴——这一中国古代文化象征物上的精华。同
时，宫、商、角、徵、羽 5 根弦象征君、臣、民、事、物 5 种社会等级，
后来增加的第六、七根弦称为文、武二弦，象征君臣之合恩。古琴有泛音、
按音和散音 3 种音色，分别象征天、地、人之和合。这些古琴形制命名的
象征意义实际反映出儒家的礼乐思想及中国人所重视的和合性。因为礼的
作用是为了保障个体，使个性有所发挥；而乐是为了求"和"，其作用是
与群体谐协。礼乐的同时并用可使个体和群体之间互相调剂，形成人与人
之间平和而合理的生活。所以礼乐的推行，是为了达到相辅相成的和合性
目的。而从古琴形制命名所借用的社会秩序、等级的名称来看，可见其制
作形制寓有教化人伦的深意。

　　上述的结构在"彩凤鸣岐"琴上都能一一得见。整把琴的琴体浑厚，
背面微凸，制作时非常讲究地先用粗麻布包裹住琴胎，然后涂上了一层鹿
角灰，最后才髹上大漆，这样的制作可以使琴音更加松透、悠扬。而有的
古琴为了节约制作成本，会使用瓦灰或牛角灰等材料代替鹿角灰，这是以
牺牲音质为代价的。从这一点上可以看出"彩凤鸣岐"在制作上是不惜工
本的。从琴面漆灰剥落处看，这层鹿角漆灰还比较厚呢。

　　"彩凤鸣岐"的龙池凤沼为长方形。龙池上方有"彩凤鸣岐"琴名，
另有杨宗稷的 3 段鉴藏赞美铭文围绕在龙池四周。龙池腹腔内有正楷"大
唐开元二年雷威制"题刻。题刻中的雷威就是文章开头提到的"琴神"，
是唐代著名的古琴制作家。隋文帝时，文帝之子杨秀被封为蜀王，杨秀爱
琴，曾"造琴千面，散在人间"。由于这位蜀王的喜爱和提倡，蜀地的制

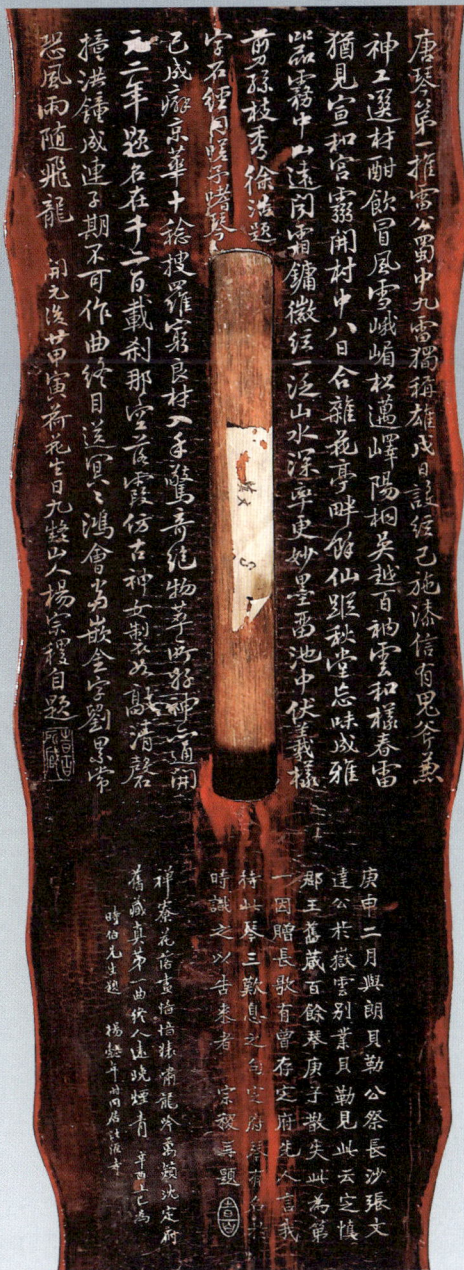

龙池周围的赞美铭文

龙池两侧行书："唐琴第一推雷公，蜀中九雷独称雄。……（署款：）开元后甲寅荷花生日九疑山人杨宗稷自题。"龙池雁足间正楷："庚申二月，与朗贝勒公祭长沙张文达公于岳云别业。贝勒云：'定慎郡王旧藏百余琴，此为第一。'因赠长歌，有'曾存定府三琴告息'之句，定名于时，识之以者。宗稷再题。"左侧有行楷：禅寮花画恓恓，猿啸龙吟赖沈，定府旧藏真一，曲终人远晚烟青。辛酉上巳为先生题，杨魭年时居法源寺。

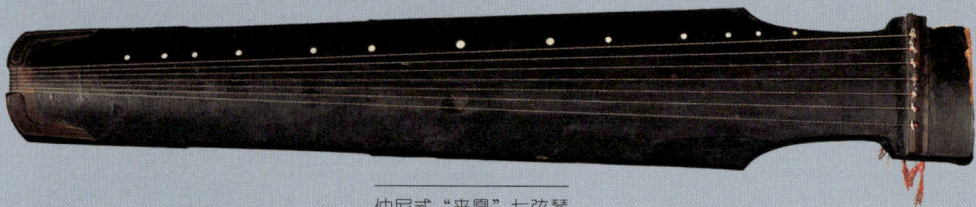

仲尼式"来凰"七弦琴

唐（618—907年）琴长120.4厘米，有效弦长110.7厘米，残额宽15.8厘米，肩宽20.7厘米，尾宽13.5厘米，厚5.67厘米。

琴名匠辈出。至唐代，很多有钱有势的人家，大规模地制琴，古琴制作得到了空前的发展，蜀地已是制琴的主要基地，而最为著名的就是四川雷氏，他们所制的琴被尊称为"雷琴""雷氏琴"。《清秘藏》卷下《叙斫琴名手》就载："斫琴名手，汉蔡邕，后隋则赵耶利，唐则雷霄、雷盛、雷威、雷珏、雷文、雷迅……望皆其选也。"可见这张"彩凤鸣岐"不凡的出身。

古琴的优劣，与其声音、做工好坏密切相关，可谓良材、良工必须兼备。只有得天时、地利与人和，才有可能制出一张好琴。照此看来，"彩凤鸣岐"是幸运的，能集材料、工艺的最大优势于一身；我们也是幸运的，能在千年后重睹"琴神"佳作，重闻千年清音。

凤凰于飞，和鸣铿锵

如今"彩凤鸣岐"常年陈列在浙江省博物馆"非凡的心声——世界非

"来凰"七弦琴底部

物质文化遗产中的中国古琴"展厅中，在展厅最宽敞和醒目的位置接受着世人的顶礼膜拜。有趣的是在"彩凤鸣岐"的对面还同时陈列着一张名为"来凰"的唐琴。"来凰"与"彩凤鸣岐"有很多相似的经历，同样来自于杨宗稷的收藏，同样和"彩凤鸣岐"一起栖息到了浙江省博物馆，更重要的是同为唐代雷氏制作的名琴；不同的是"来凰"在琴的式样上采用了最常见的仲尼式。

两张唐琴一张名"凤"一张名"凰"，是杨宗稷一生最爱的两张古琴，双宿双飞地来到浙江省博物馆，一起在 2008 年由成公亮、丁承运和姚公白弹奏并录制了 CD《凤凰和鸣》，并一同在 2010 年 11 月 19 日浙江音乐厅举行的"凤凰和鸣——浙江省博物馆馆藏唐代雷琴演奏会"上作为演奏乐器成为当晚的主角。这是中国博物馆界首次将馆藏珍贵古琴用于现场音乐演奏，开创了馆藏古琴作为演奏乐器的先河，成就了一段佳话。如此的古为今用，如此的和谐教化，不正是我们今天最需要的吗？

每每在静夜聆听《凤凰和鸣》，感觉大师手下荡漾出的琴声总能撩动人的心弦，激荡人的回忆。那"琴神"制琴、乱世得琴、时百抚琴、百姓献琴等一幕幕场景浮现眼前，当然更有今时今日的"凤凰于飞"，都让人感慨万千。正如歌中唱到的：

"来凤"七弦琴题款：庚戌(1910)春，予得鸣凤为怡府二十四琴斋物，后得廿余琴，皆非其偶，唯此足以匹之，益徽雷宵制赤城朱致远重修款非伪作，喜极，因以来凤名。铭曰：有凤求偶兮，翱翔三年，良才邂逅兮，九德兼全，凤子凤子，天假之缘。

落款：壬子(1912)腊月，九嶷山人杨宗稷题于宣南后二十四琴斋。

并钤：后二十四琴斋、时百所藏、子子孙孙永宝用，三方印章。

旧梦依稀，往事迷离，春花秋月里。

如雾里看花，水中望月，漂来又浮去。

君来有声，君去无语，翻云覆雨里。

虽两情相惜，两心相仪，得来复失去。

有诗待和，有歌待应，有心待相系。

望长相思，望长相守，却空留琴与笛。

以情相悦，以心相许，以身相偎依……

看命运嘲弄，造化游戏……

凤凰于飞，翙翙其羽，远去无痕迹。

听梧桐细雨，瑟瑟其叶，随风摇记忆。

⑧ "佛螺髻发"，放大光明
——五代·吴越鎏金银阿育王塔

名　　称：鎏金银阿育王塔

文物级别：一级

类　　别：金银器

材　　质：银

年　　代：五代·吴越
　　　　　（907—979年）

规　　格：通高35.6厘米，基
　　　　　座边长12.5厘米。

推荐理由：雷峰塔地宫出土，
　　　　　是目前发现的阿育
　　　　　王塔中最精致的一
　　　　　件，内奉安"佛螺
　　　　　髻发"舍利。

2001年浙江杭州雷峰塔地宫出土。

塔由纯银捶揲成型，整体铆焊套接。塔呈方形，由基座、塔身、塔刹3部分构成。塔完整无缺，塔身镂刻的佛教故事在所发现的阿育王塔中最为清晰全面，是研究阿育王塔的珍贵资料。

此塔是吴越国末代君主钱俶（初名钱弘俶）于北宋开宝五年（972年）开始营建雷峰塔时专为雷峰塔打造。

这是一位国王下令修建的佛塔，但在建成之后仅仅一年，这个王国却灭亡了。

在此后的千年岁月中，佛塔历经劫难，数次被毁。

世人了解这座佛塔，更多的却是源于一个凄美的爱情故事。

时隔千年，一次长达 18 小时的考古发掘，让后人重新回到那久远历史的深处。

2000 年 1 月 7 日，千禧年的钟声刚过，考古队第一次来到了雷峰塔遗址。展现在眼前的景象残破不堪，很难想象这里曾经是当年著名的西湖胜景之一——雷峰夕照。

地面上到处散落堆积着佛塔的残砖，而佛塔残存的基座宛若一座巨型的土丘。它高出地面 10 多米，南北长 60 多米，东西宽 40 多米，谁也无法推测，在这些散落的堆积物中能发现多少当年的遗物？在它的下面，是否还隐藏着一个神秘的佛塔地宫？一切都还是一个未知之谜！

时人所描绘的昔日的雷峰塔

当谜题揭晓时,当神奇的塔中之塔——鎏金银阿育王塔展现在世人面前时,一幅幅历史画卷被展开,同时一个个更大的谜团接踵而来。

吴越国的末代国王钱俶

974 年,赵匡胤讨伐南唐,南唐后主李煜向钱俶求援,钱俶不听,出兵助宋兵攻灭南唐。正如李煜所言,吴越国之后果然唇亡齿寒,朝不保夕。978 年正月,钱俶祭别先王陵庙,赴开封纳土献地,从此羁留北土,死后葬于洛阳北邙山。

重现人间

西湖南岸夕照山上的雷峰塔,原本是吴越国末代国王钱俶建造的佛塔。因了"雷峰夕照"美景与白蛇传说,享有盛名。雷峰塔矗立在西湖南滨,与北岸宝石山上的保俶塔南北对峙、遥相呼应。秀丽的保俶塔与苍凉的雷峰塔给人以两种截然不同的审美感受,素有"保俶如美女,雷峰如老衲"之说,可谓形神兼备的比喻了。这道西湖中轴线,是西湖美景的经典标志。1924 年雷峰塔倾圮后,犹如西子姑娘断其一臂。此后众多有识之士多方呼吁重建雷峰塔,恢复"雷峰夕照"景观。终于,在 2000 年年初,重建雷峰塔计划提上了议程。而为了配合重建,雷峰塔遗址的考古发掘工作也变得顺理成章。

2000 年 2 月至 7 月，经过第一阶段的考古发掘工作，在清理了将近 10000 立方米的残砖、废土后，揭露出了倒塌的雷峰塔塔身和塔基。在这之后的 2000 年 12 月至次年的 7 月里，经过第二阶段的考古发掘工作，考古人员揭露了约 4000 平方米遗址范围，发掘了地宫并开启了地宫中出土的铁函。这也是我们今天这篇文章的主角——鎏金银阿育王塔现身的地方。

地宫是雷峰塔遗址的重要组成部分，地宫发掘是那次考古的中心工作。地宫发掘的日子，定在 2001 年 3 月 11 日。消息传开，海内外翘首企盼。浙江电视台对地宫发掘做现场直播，中央电视台、香港凤凰电视台，以及来自北京、上海、辽宁、河南、山东、江苏等地的 30 多家媒体，对考古发掘的每一步骤都在第一时间追踪报道。

地宫位于塔基中心的塔心室下方，保存完好。正方形砖砌的地宫长、宽约 1.4 米，深 1 米，地宫内壁抹有石灰，地宫口以一块方形石板密封，石板上又压以巨大的顶石。让考古专家们高兴的是地宫没有被盗扰的迹象，也就是说地宫里的珍宝都得以保全，这让人很是期待。

发掘从 3 月 11 日上午 9 点开始，一直延续到次日凌晨 3 点，从镇塔石起吊，直至取出地宫底部最后一枚"开元通宝"铜钱，用了 18 个小时。这 18 个小时，对雷峰塔而言只是一瞬，但对于每个亲眼见证发掘过程的考古人员、坚守现场的新闻记者、目睹发掘过程的电视观众而言，注定是难忘的记忆。

大约 11 点整，地宫的石盖板在钢管撬动下，掀开了。舍利铁函、铜佛像露出朦胧一角，所有人惊叹不已。只见舍利铁函置于地宫正中，铁函下叠压有大量铜钱，并夹杂玉钱、玉龟、料珠、玛瑙饰件、铜镜、银臂钏等物，以象征供养舍利的"七宝"。铁函之外的地宫空隙处，堆满了鎏金铜佛像、银腰带、玉观音像、玉童子像、贴金木座、漆镯、铜镜、铜钱、

丝织品、经卷等文物。地宫内壁贴有小佛像、毗沙门天王像及圆形镂孔银饰件。

到了中午 12 点整，电视直播结束后，考古发掘工作仍在继续。由于地宫空间狭小，文物层层叠叠，清理难度很大，在场的考古专家们初定拆除地宫西南壁，并等待著名考古学家徐苹芳先生等人的意见。下午 3 点左右，在经过徐先生的认可后，考古专家们说干就干，开始拆除地宫一侧的砖壁。由于文物必须在当天清理完毕，更要确保资料完整，所以当天发掘的工作量极大。在场的考古所所长叮嘱大家若是累了，就换一批队员。孰料从下午 3 点开始直到次日凌晨，他们把"轮休"建议抛在了脑后。每一次轮休的催促，都被他们以"熟悉情况，心里有数"为由拒绝了。

次日零点前后，地宫中最大的文物——铁函出土了。为防止铁函底部脱落，考古专家们先用木板托底，然后周身绑上绳索。一帮人自底下往上托，另一帮人抓住绳索往上提，小心翼翼地将铁函搬出地宫，再由七八个人前呼后拥，抬上久候在外的汽车。深夜 2 点，铁函被送到了浙江省博物馆山洞库房。铁函的开启将是这次雷峰塔地宫发掘最后，也是最大的悬念，等待它的将是千余年来的首次华丽亮相。

两天后，也就是 2001 年 3 月 14 日晚 7 点整，雷峰塔出土的铁函将在浙江省博物馆山洞库房被开启。整个开启过程谢绝了所有的记者采访，但还是有各路记者在博物馆门口彻夜守候。

终于，开启铁函的时刻到了。一时间，整个库房中的空气似乎是凝固着的。专家们先将库房内可有可无之物移至室外，解开铁函上的绳索，去掉铁疙瘩身上的水锈，时任中国丝绸博物馆副馆长的赵丰先生，清理了粘在底部的丝织品。待一切就绪，准备开函。众人在指挥者的协调指挥下，憋住一口气，将罩在铁函底板上的盖子垂直往上提，平移至一旁。过程很顺利，根本没有人们想象中的困难。

铁函打开了，只见一座灿烂的宝塔夺目而入。地宫早年肯定进水了，因为舍利塔底部水锈斑斑，而上半身光彩熠熠，完好如新。塔身上金银两色的组合已经不能仅用华贵一词来形容了；至于通身的镂刻，也不是繁复一词能一言以蔽之的。

在场的专家们盯着宝塔竟一时都失了神，只顾不停地赞叹。但发呆终究不是办法，专家们很快回了神，并开始端详、清理铁函内的每个细部。此时的文物立在面前，纹丝不动，只有生活在函底的无名小虫，怕是受了惊吓，慌不择路。

最后，放置在铁函内的鎏金银阿育王塔、鎏金银盒、镂孔鎏金银垫、鎏金银腰带、铜镜、铜钱、玻璃瓶、丝织品等供养品，悉数重现人间。

何为地宫、舍利？

地宫，也称"龙宫""龙窟"，是宫殿、庙坛、楼阁等建筑所没有的。为什么佛塔要有这部分构造呢？据考察，在古印度，舍利并不深埋地下，而是直接藏于塔内。佛教传入中土后，逐渐与我国传统的埋葬制度结合起来，产生了瘗埋舍利的地宫。地宫多位于塔心部位的塔基下方，用来瘗藏佛祖舍利、供养法器及善男信女的施舍物品，在功能上与古代帝王的陵寝颇有些相似，但远不如陵寝规模宏大。

河北定县大代村太和五年（481 年）塔基，是目前考古发现的最早有纪年的舍利塔基，是北魏孝文帝发愿修建的。塔基用夯土筑成，石函直接埋在土中。隋代开始人们在舍利石函的四周砌护石和砖墙。到了唐代，仿墓室的地宫正式形成，同时还使用了金棺银椁，这是舍利瘗埋制度划时代的变革。

唐宋时期北方地宫多做成带斜坡墓道的土洞式样，如陕西扶风唐代法门寺地宫。南方地宫则多为竖穴土坑的式样，用砖、石搭建，正如雷峰塔地宫。

舍利，梵语中原意为"尸骨"，狭义上特指释迦牟尼火化后留下的固体物，如佛发、佛牙、佛骨等。佛典把舍利分为两类：一为法身舍利，即佛祖传述的佛教经典。唐玄奘《大唐西域记》中说："印度之法，香木为泥，作小窣堵波，高五六寸，书写经文，以置其中，谓之法舍利。"二为生身舍利，即佛祖火化后的遗体、遗骨。通俗地讲，凡是佛的"牙齿发爪之属，顶盖目睛之流，衣钵瓶杖之具，坐处足蹈之迹"等佛教徒以为的圣物、圣迹，均可视作舍利起塔供养。

生身舍利又可分为 3 种，一是骨舍利，其色白；二是肉舍利，其色赤；三是发舍利，其色黑。后世还把德行超卓的高僧圆寂后所得的质地坚硬的结晶颗粒也叫作舍利。佛教以为，只有虔诚奉佛、悟道得法者才会自然结晶出舍利。

相传释迦牟尼 80 涅槃后，弟子们焚化佛祖遗体，在灰烬中获得的真身舍利有 4 颗牙齿以及指骨、头盖骨、毛发和众多珠状舍利。弟子们将佛祖真身舍利起塔供养，顶礼膜拜。后来，印度孔雀王朝的阿育王取出全部佛祖舍利，分成八万四千份（八万四千源出于道家的阴阳说，佛家进入后为了表示众多的意思，也引入了八万四千这个数字，用以形容极多），分别盛入宝函，在世界各地建塔供养，其中就有许多舍利传入中国。

在中国，瘗埋舍利的制度逐渐与我国传统葬俗相融合，将盛有舍利的棺椁置于舍利函内，再将舍利函置入地宫，同时还将供养舍利的财物一并放入。供养品通常有金、银、琉璃、玛瑙、琥珀、珊瑚、红宝石、砗磲等不同质地，称作"七宝"（不同经书所译七宝略有不同）。

雷峰塔地宫出土的铁函内这类"七宝"供养品似乎在急切地告诉我们，它里面就藏着舍利。那么这佛教圣物在哪里呢？

"佛螺髻发" 舍利塔

在一本名叫"咸淳临安志"的南宋古籍上，有一篇钱俶亲自撰写的《华严经跋》的跋文，详细叙述了钱俶造雷峰塔是为了安放并供奉佛舍利。令人意想不到的是，就在雷峰塔地宫发掘几个月后的7月，考古专家们在对雷峰塔出土的众多残碑进行整理时，从中竟然发现了《华严经跋》残碑实物，上面留存有162字。残碑的记文中，钱俶自称平生虔诚向佛，不敢将"佛螺髻发"这样的舍利圣物私藏宫中，特意在西湖之滨建塔供养，取名"皇妃塔"。根据考证"皇妃塔"正是雷峰塔。

雷峰塔是钱俶在北宋开宝五年（972年）开始营建的，直到太平兴国二年（977 年）竣工。钱俶毕生笃信佛教，统治吴越国 30 年间，修石窟，造经幢，刻佛经，所建寺院佛塔更是不计其数，如重修灵隐寺，创建永明禅寺（今净慈寺），建六和塔、保俶塔，当然还有雷峰塔，使得杭州成了名副其实的东南佛国。雷峰塔正是在钱俶获得佛舍利后为了奉安舍利特意修建的。建雷峰塔时，吴越国正处在风雨飘摇的纳土降宋前夕，钱俶仍钟情于大兴土木，是否也寄托了他对国泰民安的祈祷？而令人唏嘘的是，雷峰塔落成仅仅一年，吴越国就降宋灭亡了，雷峰塔也没能保佑虔诚的主人平安归来。

在其后的岁月中，雷峰塔可谓是饱经沧桑。北宋末年，雷峰塔在浙江的方腊农民起义中被起义军放火烧毁了塔的外围木构建筑，同时被毁的还有钱塘江边的六和塔。南宋宁宗庆元元年（1195 年），雷峰塔重修一新，雷峰塔再逢盛世。至明代嘉靖三十四年（1555 年），倭寇大举进犯，杭州被围，战火中雷峰塔遭受了第二次火劫，仅存塔心却也成就了另一番隽永形象，颓然苍老。每当夕阳西坠，残塔与山色倒映，如火珠将坠，意境十分苍凉幽远。而雷峰塔的这一形象，从此深入人心。

雷峰塔被倭寇焚毁后，千疮百孔，又顽强挺立了 300 余年。由于善男信女不断抽取塔砖，加上年久失修、日晒雨淋等原因，雷峰塔终呈摇摇欲坠之势。诗人徐志摩在日记中写道："1918 年 9 月 29 日，路上我们逛了雷峰塔，我从不曾去过，这塔的形与色与地位，真有说不出的神秘的庄严与美。塔里面四大根砖柱已被拆成倒置圆锥体形，看着危险极了。"诗人笔下描述的情形，距雷峰塔倒塌仅隔了

6 年。1924 年 9 月 25 日下午 1 点 40 分左右，雷峰塔终于不堪重负，轰然倒塌。

塔既然倒了，舍利是否还在？保存是否完好？它现在何处？这些问题在考古专家打开地宫中出土的铁函后，在看到灿烂夺目的鎏金银阿育王塔后似乎找到了答案。

钱俶作为吴越国王时，效仿古印度阿育王造塔故事，以铜、铁等金属制成八万四千小塔，外表涂金，俗称"金涂塔"，佛典上称之为"阿育王塔"。地宫铁函中的正是这类阿育王塔。不同的是雷峰塔中的这座阿育王塔采用了更为高级的银作为材料来制作。宝塔虽历经千年，依然熠熠闪光，宛如新造。

整座银塔制作得堪称精美绝伦，工匠在塔上极尽工艺之能事。塔四角的山花蕉叶上面，有表现佛祖一生事迹的佛传故事画面 16 则，如无忧树下诞生、尼连河边苦修、鹿野苑里说法等场景，生动反映了释迦牟尼诞生、在家、出家、成道、传教等重要生平。塔身四面的浮雕则记录了佛本生故事，依次为萨埵太子舍身饲虎、尸毗王割肉贸鸽、快目王舍眼和月光王施首，集中展示和宣扬了释迦牟尼的生前善举。

正当专家们仔细凝视着这宝塔时，透过塔身的镂孔处，他们清楚地看到了里面的黄金棺。如果将这个银制的塔看作是银椁，加上里面的金棺，就是真正意义上的"金棺银椁"，是瘗埋佛舍利的最高规格了。钱俶在《华严经跋》记文中提到的"佛螺髻发"舍利必定就在这金棺之中。只是出于保护文物的目的，到目前为止专家还没有打开银塔取出金棺。舍利至今仍安然存放在这华丽的金棺银椁中。

鎏金银阿育王塔塔身四面的浮雕

上左：萨埵太子舍身喂虎　上右：尸毗王割肉贸鸽　下左：快目王舍眼　下右：月光王施首

无独有偶

鎏金银阿育王塔凭借它显赫的身世背景，巧夺天工的制作，丰富的文化内涵在 2009 年浙江省博物馆"馆藏十大镇馆之宝"的评选中无可争议地入选。展厅中的它常引来人们的赞叹，赞叹它的独一无二。

其实，这座宝塔偏偏不是独一无二的。很少有人知道，它还有一个颇为相似的"孪生兄弟"——一座雷峰塔天宫出土的银阿育王塔。

2000 年，在早于雷峰塔地宫发掘前，雷峰塔考古发掘的第一阶段开始后不久，考古专家在清理残砖和废土时，在废墟顶部原天宫（佛塔最上层）位置找到了一座被严重压扁的银阿育王塔，塔内有一只金瓶，瓶中盛放有 11 枚影骨舍利。这座原本安放在天宫的银阿育王塔在经过专家历时多年的修复后恢复如初。它的个体较次年雷峰塔地宫出土的以金棺盛装"佛螺髻发"的鎏金银阿育王塔略小，是目前仅见的两座银阿育王塔之一，打造年代应该在雷峰塔经卷（乙亥岁，975 年）印藏时间稍后不久，同为钱俶特制。这座塔的结构、组成、装饰都和地宫出土的鎏金银阿育王塔如出一辙。塔身每面镂刻佛本生故事一幅，塔顶四角的山花蕉叶上刻有 16 幅佛传故事。

这座宝塔内的金瓶内盛放的虽然是影骨舍利，不是佛真身舍利，但它与同处一塔的地宫宝塔一起见证了吴越国覆灭，经历了两次火劫，在塔倒

银阿育王塔及金瓶

五代·吴越（907—979年），通高
33.5厘米，底座边长12厘米。2000
年杭州雷峰塔遗址天宫出土。

之后又在今天人们的注视下重现人间，彼此从来不曾远离，这也是缘。

雷峰塔倒塌后，人们在许多塔砖内发现藏有经卷，"藏经砖"被讹传
为"藏金砖"，人们竞相破砖取"金"。在众人的哄抢中，这类"宝箧印经"
大量散失，甚至于在雷峰塔遗址考古发掘过程中都没能见到这类经卷文物
的踪影了。

如今，在雷峰新塔落成后，"只替游人管夕阳"的雷峰夕照景观得以
恢复，夕照山上如织的游人在茂林修竹之间登上雷峰新塔，眼看西子湖的

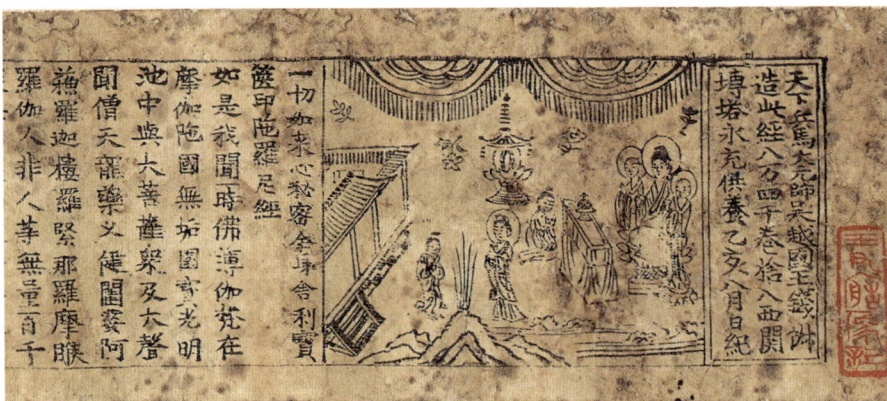

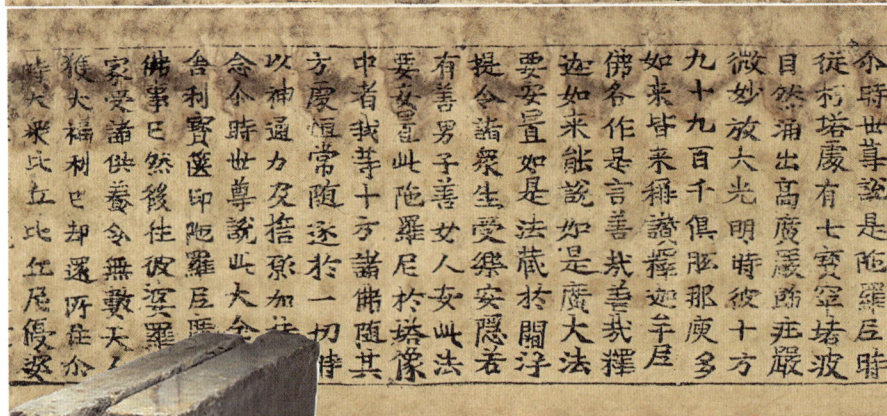

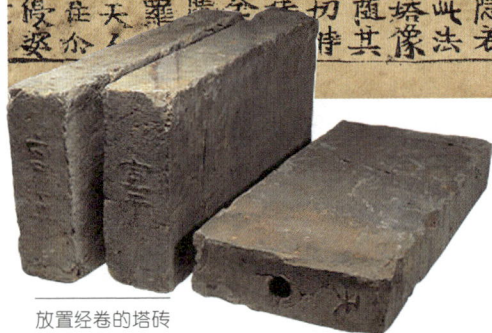

《宝箧印陀罗尼经》局部

五代·吴越（乙亥岁，北宋开宝
八年，975年），纸纵7.6厘米，
匡纵6.6厘米，横210.7厘米。
1924年杭州雷峰塔倒塌时出土。

放置经卷的塔砖

湖光山色，耳听净慈寺的晚课晨钟，人处其中，超然物外。只有新塔周围
通幽的石阶曲径，只有新塔两旁参天的蔽日大树，只有新塔之下沉默的砖
瓦在夕阳中散落，诉说着往昔的沧桑。

9 祥龙端瑞宝，崇佛尚鎏金
——唐五代鎏金铜释迦牟尼说法像

名　　称：鎏金铜释迦牟尼说法像

文物级别：一级

类　　别：佛像

材　　质：青铜

年　　代：唐至五代吴越国时期
　　　　　（618—979年）

规　　格：通高68厘米。

推荐理由：2001年杭州雷峰塔地宫
　　　　　出土，蟠龙托举的鎏
　　　　　金铜佛像历经千年，
　　　　　仍可见宫廷造像工艺
　　　　　的精致，有浓郁的唐
　　　　　代风格。

  鎏金铜质释迦牟尼说法像（以下简称为铜佛像）坐像细长，从底座至背光通高68厘米，通体鎏金装饰，佛像肉髻高耸，螺发，结跏趺端坐于双层莲花瓣包围的莲花台上，佛像身后是镂空火焰纹的大背光，佛像体形匀称，丰瘦适中，造型还有盛唐时期的佛教造像遗风：头光是圆轮纹形状，身两侧火焰纹亦镂空。莲花座下端有蟠龙柱，一尾盘曲的龙张牙舞爪作为支撑柱，绕柱而上，台座为3层。龙头顶莲花座呈托举状，蟠龙柱下接镂空壶门双层须弥座，嵌插在须弥座上。第一、二层台座是一体铸造的，须弥座下有方床，方床上前部两端各有对称插孔，原有的插件已经遗失。

鎏金铜释迦牟尼说法像局部

这尊佛像面阔方正而圆，头微颔，眉毛修长，眼睛微微睁开而细长高凸，做俯视状；眉间有白毫，双耳垂肩，颈部装饰3道蚕纹。身上穿着双领下垂的袈裟，胸部敞露，下摆披覆在莲花座上，内穿僧祇支，帛带打结横系于胸前，左手抚膝，右手施说法印，端庄慈祥，线条柔和，与下端蟠龙柱、须弥座浑然天成。

蟠龙柱上的龙为天龙八部之一，是护持佛法的善神。

雷峰塔下祈雨龙

铜佛像出土于杭州雷峰塔地宫。

《西湖游览·南山胜迹》云：

净慈寺前，为雷峰塔，俗湖中有白蛇、青鱼二怪，镇压塔下。

这之后有了"青蛇白蛇救许仙，白蛇错把许仙恋，为其犯下天大罪。天见尤怜倒雷峰，同成正果享人生"的传说，人们也常因此而说雷峰塔有镇压怪邪之意。龙是水族之首，镇压白蛇、青鱼之怪是顺理成章。然而，不是塔有镇压怪邪之意，而是塔中放置的佛教文物所内含的价值与意义。

有趣的是，雷峰塔清理后，我们在地宫西南侧砖壁考古发现了一座以

蟠龙柱上的龙

龙为基座的鎏金铜质释迦牟尼说法像，体态丰满，衣纹流畅，服饰贴体，雍容华贵的造像特征可谓深入人心，为明晰地了解唐代造像的时代风格提供了实物例证。

西湖，古称钱塘湖，传有钱塘湖龙君。唐时，西湖边建有嘉泽庙，春秋祭祀，以求保佑风调雨顺、五谷丰登。唐宋以来，除春秋祭祀外，每逢天旱之年，人们都要到嘉泽庙，向钱塘湖龙君祈雨。佛经中关于龙的护持佛法、祥龙生瑞的记述很多，龙生于水，要有龙宫，龙得小水就可以降大雨，所以也有"龙天护法善神"的说法。这是干旱之年，杭州民间祈雨的一种古老风俗。特别是吴越和南宋时，每逢大旱年间，皇帝还会亲临嘉泽庙举行隆重的"投龙"仪式，敬献三牲，宣读祭文，然后向钱塘湖龙君跪拜，掷"投龙简"、金龙、银龙、铜龙。这种投龙简，银质，上刻祈雨祭文，

钱俶21岁告水府文银简

五代·吴越（907—979年），长33.5厘米，宽14.2厘米。

从实物和文献可知，历代吴越国王钱镠、钱元瓘、钱（弘）佐、钱俶向杭州西湖、绍兴鉴湖等水府投入刻有告文的银简，通过这种道教形式，祈求风雨顺时军民乐业。银简在吴越国都城杭州西湖发现最多，为研究吴越国的历史、社会、风俗提供了珍贵的实物资料。这件银简于1957年从杭州西湖出水。

以及皇帝年号、时间。新中国成立后，在疏浚西湖时曾发现五代钱镠、钱（弘）佐、钱俶时期的5枚"投龙简"。

建于西湖之滨的雷峰塔始建之初自然要取龙王镇压邪崇、行云化雨、风调雨顺、国泰民安之意，所以器物装饰有龙。

地宫挖掘始末

2011年3月11日，雷峰塔地宫正式发掘。由于塔本身的王家身份和积淀千年的特殊文化内涵，此次发掘引起了社会各界的广泛关注。

同时，根据史料和遗址出土的碑文记载，地宫内供奉着"佛螺髻发"（即释迦牟尼真身舍利的一种）的消息也使得人们对地宫的发掘更为关注。上午9点整，在来自全国各地的6位考古权威的现场指导下，雷峰塔地宫的千古之谜开始揭开。

9时10分，雷峰塔地宫盖板上压着的约有1500斤重的巨石被缓缓起吊。25分钟后，盖板上的巨石被挪开。一块面积为0.9米×0.9米的石灰质正方形地宫盖板显露出来。考古人员在清理盖板上的黄土时，发现了大量唐开元年间（713—741年）的古钱币。11时17分，地宫盖板被掀开，一只布满黄锈的函和一尊佛像首先暴露出来。

由于地宫曾经进水，淤泥堆积严重，考古人员在提取文物时发生困难。一直到下午3时，雷峰塔地宫才出土包括2面铜镜、1件佛像底座和4个铜制方形镶嵌物在内的8件文物。傍晚时分，这尊保存完好的盘龙莲花座青铜佛像出土。与此前全国各地保存和出土的佛像不同的是，在这座佛像的底座与莲花宝座之间，有一条腾升而上的龙。坐镇现场的宋元考古专家、中国考古学会理事长徐苹芳先生评价说：

龙是中国本土文化的象征，佛教是外来文化。具有龙纹的佛像，这在全世界都是极其罕见的。

为了方便文物的提取，考古人员随后在地宫西南侧砖壁打开了一条切面。之后，整个空间面积还不到一平方米的小小地宫几乎成了"百宝箱"：青铜器、木器、玉器、头饰、丝织物、皮革等一件件被小心取出，发掘现场高潮迭起。

雷峰塔的铜佛像出土时绿色的皮壳中含有害锈，有些部位覆盖一层土壤杂质。征询过文物所属单位意见，对佛像进行全部去皮壳处理，经过除锈等清理后，还佛像本来面目，才发现通体鎏金，部分部位鎏金脱落。这样，我们才清楚知道铜佛像构造，由像身、光背、莲座、龙、小台座、大底座共六大部分组合而成。在大底座的台座平面前方的左右角各分布 3 个小榫孔，按唐代金铜佛座的规律，当年这些榫孔上应该放置金刚力士、弟子、供养人或狮子等装饰器物，但出土时并未发现。虽然类似如意云头的小台座用镶嵌技术使小台座铆合于大底座之上，但是和大底座平面中部预留的大孔洞形状不吻合，尽管榫接之后正面看不出有空隙，但从佛像背面可以清楚地看出这两个台座并不是当初整体设计的，有可能是将两个不相关联的台座配合在一起的。在大底座的左侧前后两足，还可以清楚地看到铜佛像当年被埋进地宫之前修补过的痕迹。因此，我们可以推测，佛像在被埋进地宫前已经使用过比较长的一段时间，而并不是入藏地宫时所造。

造佛传统和佛像价值

佛教在东吴时传入吴都建业并扎根江南，以孙权造江南最早佛寺——建初寺为标志，所以有唐代诗僧灵澈"经来白马寺，僧到赤乌年"一说。赤乌年是公元 247 年，三国时期东吴赤乌七年，康居沙门康僧会拥锡至吴都建业，设像行道，此后，佛教在江南广为流传。

汉魏之际，佛教造像也多是依附在中国传统信仰的雕塑题材之上，独立造像零星鲜见。公元 1 世纪，大乘佛教兴起，为方便推崇佛陀崇拜，大造佛像，造像体系独立，形成了中国式的造像风格。

隋唐佛教盛世空前，统治者利用佛教辅政治世，出现了"倾四海之财，殚万人之力"共做佛事的壮举。唐代的宗教是因当时的对外关系的发展而迅速传播开的，祆教、景教、摩尼教和伊斯兰教原来主要在西域胡商中流传，唐代在长安、洛阳等地发展；但还是以道教和佛教为主，唐代虽然从李渊起，以李姓道教的教主后裔自居，扶植道教，利用神权来巩固自己的地位，但从唐代中期，武则天当皇帝期间开始贬道教，佛教开始占优势。后虽有唐武宗打击佛教，但唐宣宗又选择扶植佛教，因为佛教的灵魂不灭、因果报应、六道轮回等思想，引导人们逆来顺受，维护了统治者的利益，远远超过道教作用。

佛教依国都而盛，浙江虽远离京畿之地，但佛教依然在平稳的发展。安史之乱后，佛教中心再次南移，智者大师创立了中国佛教史上第一个中国化的佛教宗派——天台宗，它的兴起是浙江佛教史上最辉煌的一页。而后，唐代唯识宗、贤首宗、禅宗、律宗、净土宗、密宗等佛教宗派纷纷出现，标志着佛教作为异域文化完成了中国化的过程。佛教造像作为重要的弘法手段，历代造立佛像、供养佛像不衰不辍。

至此，佛教造像丰满婀娜的体态、自然优雅的神韵、富丽堂皇的装饰，雍容华贵的风格深入人心，完全体现了统一帝国下国富民强的皇皇气派，遗憾的是浙江这一时期的佛教造像艺术几乎是空白，反而有着承前启后历史意义的唐末五代

烟霞洞石窟造像

五代鎏金铜水月观音像

（金华万佛塔地官出土）

时期出现了众多具有明显唐代造像风格的金铜佛像，例如开凿完成于吴越时期的杭州慈云岭和烟霞洞石窟造像以及杭州雷峰塔、金华万佛塔、宁波天封塔等出土的造像。

作为佛教的器物，鎏金铜佛像是供宫廷、寺庙使用的，不仅具有宗教意味，一尊制作精美、纹饰绚丽的鎏金铜佛还是当时社会、政治、经济、文化的集中反映，具有极高的艺术价值，同时历朝历代的鎏金铜佛像又有各自不同的造型、工艺特点和鲜明的时代特征，对于研究佛教在中国的发展也具有重要的参考意义。

传统的表面处理鎏金技术，在中国已有 2500 多年的历史。黄金有许多优异特性，产量少，自古以

金华万佛塔

宁波天封塔

来就被视为贵重的金属财富。鎏金工艺有许多步骤，这里不展开介绍。一件器物的鎏金加工，往往需要重复涂抹几次金汞齐并烘烤、刷洗、压光，少则四五遍，多则十几遍，直至达到所需要的厚度和表面光洁度等要求，鎏金处理才算完成；鎏金、鎏锡方法类似。

金的化学性质极其稳定，不被氧化，不被硫侵蚀，也不溶于硝酸和浓硫酸。当银器或铜器被整体（局部）鎏金后，被鎏金的部分除了具有代表长寿、富贵的金黄色之外，更重要的是器物鎏金的部分被有效地保护起来，防止了各种污染物的侵蚀。各地出土的大量鎏金器物虽历经千百年，但它们依然保持了光彩夺目的金黄色光泽。鎏金器物出土最多的就是银鎏金和铜鎏金，如法门寺唐代地宫出土的 100 多件金银器中绝大部分为银鎏金器物，鎏金铜浮图则为铜鎏金器物。

古代中国人在生产活动中逐步摸索出一套富有中国特色的鎏金装饰工艺，从简单到复杂，既继承传统，也有创新发展，展现了金银器精工细作、富丽堂皇的艺术风格和金光银辉的艺术效果，使绚丽多彩的中国金银工艺有了长足的发展，在世界工艺美术史上独树一帜。

2001 年杭州雷峰塔遗址的发掘，使得千年地宫开启，"佛螺髻发"出世。遗址内的十几件铜、铁、石、陶等多种质地、题材的佛教造像，具有浓郁的唐代风格。而这件蟠龙托举的鎏金铜佛像成为一件标志性的佛教造像，历经千年锈迹斑驳的佛像仍依稀可见宫廷造像的精致，面相丰满端正、躯体浑厚圆润、衣纹流畅自然等雍容华贵的盛唐遗风尚存，托举佛像莲花座的盘龙张牙舞爪、身躯扭结、绕柱而上的形象凸显了皇室造像的张扬。铜佛像的正面、侧面都开了壶门的长方形台座是隋唐时流行的造型。特别是盛唐，台座上可嵌接主尊及菩萨、弟子、天王、力士、供养人、狮子、水瓶等多种身份的物件，济济一堂，所以根据台座和榫孔的形状和功能分析，很可能是唐代的物品被钱氏在宫中加以利用。

正因如此，从 20 世纪 80 年代开始，鎏金铜佛像的收藏渐渐为国际藏家所重视，并进而带动了国内收藏热潮的兴起。1989 年 11 月，纽约苏富比拍卖了一尊明代鎏金弥勒佛像，底价为 8 万美元，结果以 21 万多美元的高价成交，震惊了全球收藏市场，许多艺术品收藏家和投资者立即把目光瞄准了鎏金铜佛像，促成了鎏金铜佛像收藏高潮的形成。进入 21 世纪，这股热潮依然在延续，2004 年 11 月，香港佳士得拍出了一尊明（15 世纪）大威德明王鎏金铜佛像，以 1906.2 万港元成交，成为近年鎏金铜佛像成交价格最高者；在德国纳高 2004 年秋拍会上，一件保存极为完好、估价 6 万～ 8 万欧元的明永乐铜鎏金四臂观音菩萨坐像，以高出估价近 4 倍的 22 万欧元成交；佳士得拍卖曾分别于 2003 年、2005 年、2011 年拍卖元代鎏金铜道教灵宝天尊像，其中 2011 年价格为 18.3 万美元，折合当时人民币 119.9 万元。同样是唐五代时期的鎏金铜释迦牟尼说法像，浙江省博物馆收藏了几件。其中比较有代表性的有两件。

一件也是 2000 年杭州雷峰塔出土的。此像残高 14.8 厘米，面部丰满，

稍有区别，像坐于带插杆的蒲团形圆铜片之上，再拼接于仰莲座上，仰莲座装饰了双层宽大丰满的莲叶，覆莲座向上铸出束腰，承接仰莲座，宝莲座下铸3级圆形台座。像与背光分体铸出，以榫卯相接。

头梳高髻，饰螺发。身着袒露右肩的袈裟，施说法因，全跏趺坐于束腰仰腹的莲花座上。背后同样是通身背光，为葫芦形状，外缘有镂空的火焰纹。头光装饰莲花瓣纹，身光装饰纵列残枝纹。造像也是分开浇铸，背后有榫头插接背光，虽然佛像残缺不全，但仍能看出属于唐五代时期佛教造像的风格。

另一件为1957年金华万佛塔出土。通高25厘米，佛髻发低平，呈网格状，面相丰满，长眉细目，大耳，造型与雷峰塔出土佛说法印

10 小印经，鸿说法

——五代·吴越宝箧印陀罗尼经（乙丑本）

名　　称：宝箧印陀罗尼经

文物级别：一级

类　　别：古籍刻本

材　　质：纸本

年　　代：五代十国时期（乙丑岁，北宋乾德三年，965年）

规　　格：纸高8.5厘米，框高7.1厘米，全卷长182.8厘米。

推荐理由：吴越王钱俶捐刻的《宝箧印陀罗尼经》记载钱俶慕阿育王
　　　　　造塔之事，原藏于同出的铁阿育王塔内，为中国印刷术
　　　　　的起源与发展研究提供了重要的实物佐证和历史线索。

经书是记述天道人事之常理的书。《文心雕龙·宗经篇》说：

经也者，恒久之至道，不刊之鸿教也。

浙江省博物馆藏佛教文物经过80年的积累，已经逐步形成了具有自身特色的收藏体系，佛教经卷尤其值得一提，客观真实地反映了文物的时代特征。五代十国时期的吴越国之所以是一个佛教发达地区，是因为一位有名的帝王——钱俶。作为吴越国文穆王钱元瓘第九个儿子，钱俶天性诚厚，心向佛法，年二十继承王位，遂奉天台德韶大师为国师，并从道潜律师受菩萨戒，号慈化定慧禅师。后周显德二年(955年)，以慕阿育王造塔一事，铸八万四千小宝塔，中纳宝箧印心咒，广行颁施，世称钱俶塔，甚而远传至日本。这一时期的吴越国，曾经雕版刻印过许多佛教印刷品，不仅记录了佛教发展的历史，也见证着中国雕版印刷的发展和辉煌。其中最重要的佛教印刷品之一是吴越王钱俶捐刻的《一切如来心秘密全身舍利宝箧印陀罗尼经》（简称《宝箧印陀罗尼经》）。

　　《佛祖统纪》记载钱俶慕阿育王造塔之事，造四万八千阿育王塔中藏《宝箧印心咒经》，故塔又称"宝箧印经塔"。《宝箧印陀罗尼经》或称《宝箧印经》，钱俶印施此经的缘起，正如经书中所说，是为了祛病禳灾，保身遣祸。目前发现的钱俶主持印施的《宝箧印陀罗尼经》有 3 种纪年版本，经卷实物都是版心小、字径小的小幅经咒，卷首前刊刻题记，这里我们重点介绍的是北宋乾德三年乙丑版本的《宝箧印陀罗尼经》。目前发现藏经于阿育王塔内的只此一例，尤显珍贵。

　　此卷原藏于同出的钱俶乙丑年铸造的铁阿育王塔内。卷端题刊 3 行"吴越国王钱俶敬造《宝箧印经》八万四千卷永充供养时乙丑岁记"。

　　卷前有扉画"礼佛图"，画面中人物众多，布局有序，可分为 3 组场景：

　　图右，为一奉佛人于案前跪拜礼佛，另一奉佛人候立，佛结跏趺坐于莲座上，众弟子及眷属随侍身后左右，佛及弟子眷属皆圆轮状头光。

　　图左，下方为二奉佛人焚香祈祷，一佛二弟子随机应现，佛及弟子皆

圆轮状头光；

图上方，一奉佛人在山门外候立，欲引佛入庭院；画面中央有宝灯，天花四散，最下方布以山石流水。

印刷史学家张秀民在《五代吴越国的印刷》中说：

及看了绍兴出土的乙丑本（乙丑，即为北宋乾德三年，公元965年）经卷，不但扉画线条明朗精美，文字也清晰悦目，如宋本佳椠，纸质洁白，可能用的是温州蠲纸。墨色精良，千年如新，实为罕见。可以证明吴越印刷不但数量多，质量亦臻上乘。

图后为经文，经题"一切如来心秘密全身舍利宝箧印陀罗尼经"。总220行，满行10～12字不等。

本经大意是叙述佛陀在摩伽陀国时，受一位婆罗门之请，前往应供的路上，看到一座古老朽坏的佛塔，世尊右绕此塔三匝，并以衣服覆盖其上，泣然垂泪，涕血交流，十方诸佛亦同流泪，接着又破涕为笑，大众皆不知其意，金刚手菩萨即请问世尊。世尊说此古塔中有一切如来无量俱胝心陀罗尼密印法要，但由于众生业障重故，此七宝塔现为土堆，隐蔽不现，如来因此而悲伤流泪，十方诸佛亦然。于是佛陀为大众宣说此秘密陀罗尼，并说："若有众生书写此经置于塔中者，此塔即为一切如来金刚藏窣都婆。"于是佛家讲究书写、诵读此陀罗尼，或纳入塔中礼拜之，能消灭罪障，免于三途之苦，寿命长远，得无量功德、后世有祥和之意。

印经背后的故事

隋文帝

　　关于印经，有很多印刷的版本，自然也有很多有趣的故事。

　　天台宗的兴起是浙江佛教史上最辉煌的一页。隋文帝杨广长于佛门，笃信宗教，奠定了隋代举国奉佛的传统，他在开皇元年（581 年）普诏天下，明令官写佛经，置于寺内，因此出现了"天下之人，从风而靡，竞相景慕，民间佛经，多于六经数百倍"的盛况。这是汉传佛教史上第一次发动官府民间、风靡天下之人的普遍的写经活动。开皇十八年（598 年）秉智者大师遗志在天台山为之建造国清寺，天台宗盛极一时，而后，许多各有特色的佛教宗派纷纷出现，标志着佛教作为异域文化完成了中国化过程。

　　唐末冯贽在《云仙散录》中，记载了贞观十九年（645 年）之后，"玄奘以回锋纸印普贤像，施于四众，每岁五驮无余"。这是最早关于佛教印刷的记载，印刷品只是一张佛像，而且每年印量都很大，但遗憾的是未流传下来。唐代末期之前，写本佛经是佛经的主要形式。无论是秉笔代人写经，

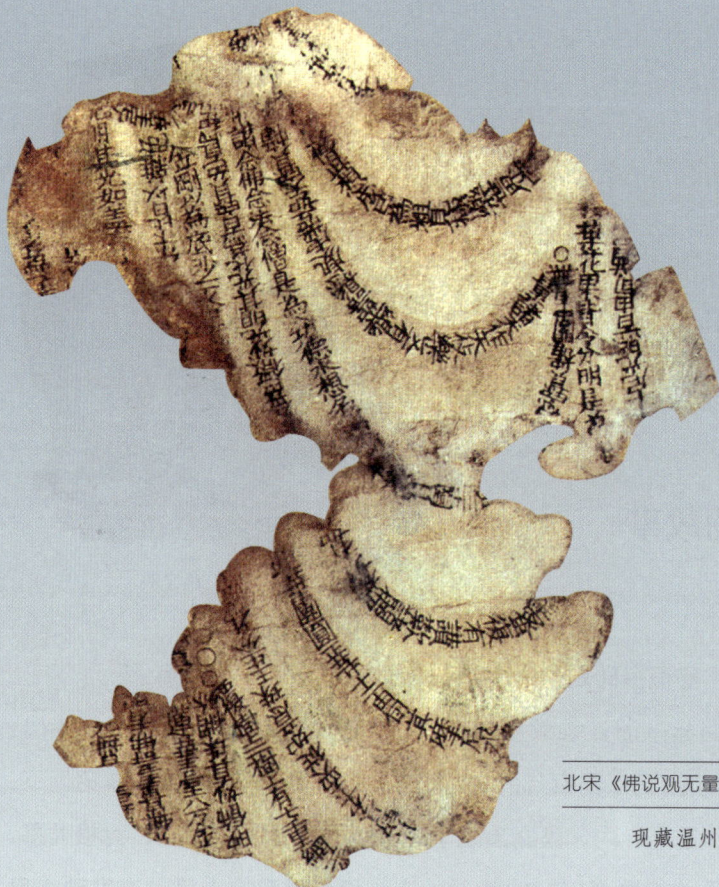

北宋《佛说观无量寿佛经》活字印本
现藏温州博物馆。

还是出资雇人抄经，都是件功德无量的事情。早期的佛教印刷品，只是将佛像雕在木版上，进行大批量印刷。1965 年，浙江温州出土一件《佛说观无量寿佛经》印本残页，经专家考证定为 1103 年前后的北宋活字印刷本。美国芝加哥大学钱存训博士称此为"迄今发现存世最早的活字印刷品"。

随着唐代佛教的日益发达，特别是密宗经咒的流行，手写佛经已经

《妙法莲华经》局部

远远供不应求。民间开始应用新兴的雕版印刷术来复制佛经，大量的经咒刻本应运而生。1906年在中国新疆吐鲁番地区，发现了一份唐代印刷品——《妙法莲华经》卷五，内容是"如来寿佛品第十六"及"分别功德品第十七"。最初被新疆布政使王树楠收藏，后辗转被日本人中存不哲购去。此经以黄纸印刷，卷轴装帧，每行17字，经文内使用了武则天时期的制字，因此推断为武则天时期（684—705年）的印刷品。现存于日本东京书道博

敦煌出土的唐代《金刚经》局部（868年），现存最早的印刷品之一，藏于大英博物馆

物馆。

现存最早有明确日期记载和精美扉画的唐代佛教印刷品，是雕版印刷、卷轴装订的《金刚经》，其全称为《金刚般若波罗蜜经》。这件印刷品于 20 世纪初发现于敦煌莫高窟石室，得利于这里的干燥气候，虽经千年存放，发现时仍完整如新。但它于 1907 年被英籍葡萄牙人斯坦因盗走，现藏于英国伦敦博物馆。

唐之后的五代是我国历史上一个大动荡、大分裂的时代。50 多年里，北方经梁、唐、晋、汉、周五代更迭；南方吴、吴越、前蜀、楚、闽、南汉、荆南、后蜀、南唐和北方的北汉十国并存，战火连年，民生凋敝。可就在这样一个时代，通过大量的佛经尤其是《宝箧印陀罗尼经》的出土印证了吴越国的雕版印刷术的先进，其得到长足发展的原因何在呢？

1100 年前的吴越国，东濒大海，西邻歙州，据有 13 州（杭州、越州、湖州、温州、台州、明州、处州、衢州、婺州、睦州、秀州、苏州、福州）一军（安国衣锦军）。吴越国开创者钱镠（852—932 年），根据当时的国情，确定以"保境安民"为基本国策，同时在政治上、经济上也采取一些相适应的政策，因此社会安定，经济上、文化上均得到较大发展。在这个袭唐启宋的历史时期里，保境安民的基本国策使吴越境内社会稳定，经济繁荣。吴越国为了发展农业，大事兴修水利。在钱塘江畔，钱镠发动民众筑扞海塘、石塘，免除潮患。又组织修治和疏浚西湖、太湖。同时修建了圩田，扩大了种植面积，保证了农业的丰收。越州、杭州、湖州是当时的丝织业中心，有官营，也有民营，生产了许多可供皇宫和官府使用的丝织品。吴越国的商业也很发达，且注重发展海上贸易。钱镠曾经遣使册封新罗、渤海王，与海中诸国开展贸易，同日本、高丽的关系更加频繁，甚至与大食国（今中亚、北非）也有贸易往来。由于经济发展，国富民康，宋代苏轼曾说："吴越地方千里，带甲十万，铸山煮海，象犀珠玉之富，甲于天下。"物质的丰厚，为文化的发展创造了有利条件。南宋建都临安，国子监在杭刊刻的书版达 20 余万，两浙东路、两浙西路及各府、州、县也都曾大量刻书；除官刻外，书坊和私宅刻书也十分兴盛。宋代 360 多年间，杭州的雕版印刷术一直冠盖全国，获得了"今天下印书，杭州为上"的美誉。

由于佛教发达，信徒增多，对佛教的宣传品（佛经、佛像）的需求量大大增加，从而促进了雕版印刷业的兴盛。发轫于中唐的浙江雕版印刷术，由于吴越国佛教文化发展的需要而得到快速发展。

历代钱王敦信佛法，力倡佛教，在以杭州为中心的吴越境内建寺筑塔，开窟造像，掀起了营造佛塔的高潮，成为中国佛教建塔史上的重要时期。杭州因此被称为"东南佛国"，浙江佛教真正发展到极盛时期。五代吴越印刷佛经的活动，促进了这一带印刷业的发展，造就了一批刻版、印刷能手。因为刻印俱精，纸墨优良，北宋时期国子监所刊行的许多重要典籍，如经书、史书和医书均下杭州刻印。这里又素来产好纸，钱氏书籍多用它书写，始于隋唐佛像刻印的雕版印刷技术相对成熟，这些都为吴越国写书印经提供了物质条件。钱俶热心出版事业，曾经雕版印刷了许多佛教印刷品，在印刷史上留下不可磨灭的功绩。比如他曾命人用金银泥书写《大藏经》一部，共 5048 卷，又命道士书写《金银字道藏经》200 函，宋开宝七年（974 年），钱俶赐钱千贯，用绢素印应现观音像两万幅，画 24 种应现，下录真言 24 行，末镌"天下大元帅吴越国王钱俶造"。这是我国最早用丝织品印刷的版画，可见吴越国印刷水平之高。他广印经咒，普施天下，其中最著名的就是刻印《宝箧印陀罗尼经》，此经为唐代著名高僧不空翻译。据王国维考：

《大唐西域记·摩揭陀国》条云：印度之法，香抹为泥，作小窣堵波高五六寸，书写经文以置其中，谓之法舍利，数渐盈积，建大窣堵波，总聚于内，常修供养。

既然书写、诵读此陀罗尼，或纳入塔中礼拜之，能消灭罪障，免于三途之苦，寿命长远，得无量之德，因此，钱俶依经所说出于其"信佛顺天"的需要，使用了大量的人力钱财，分别于公元 956 年、965 年、975 年 3 次大规模刻印佛经，刻印了 3 个不同版本的《宝箧印陀罗尼经》，放入塔中供养。这些印经成为吴越国弘扬佛法的珍贵历史见证。

不同版本的相较

1. 后周显德三年（956 年）印本

1917 年，把湖州天宁寺改建为中学校舍施工时，石幢下象鼻中发现数卷经文，在经首扉画前有发愿文，题：

天下都元帅吴越王钱弘俶印《宝箧印经》八万四千卷，在宝塔内供养。显德三年丙辰岁记。

这部经首图像没有敦煌印本佛经插图那样复杂，因为画面很小，画稿

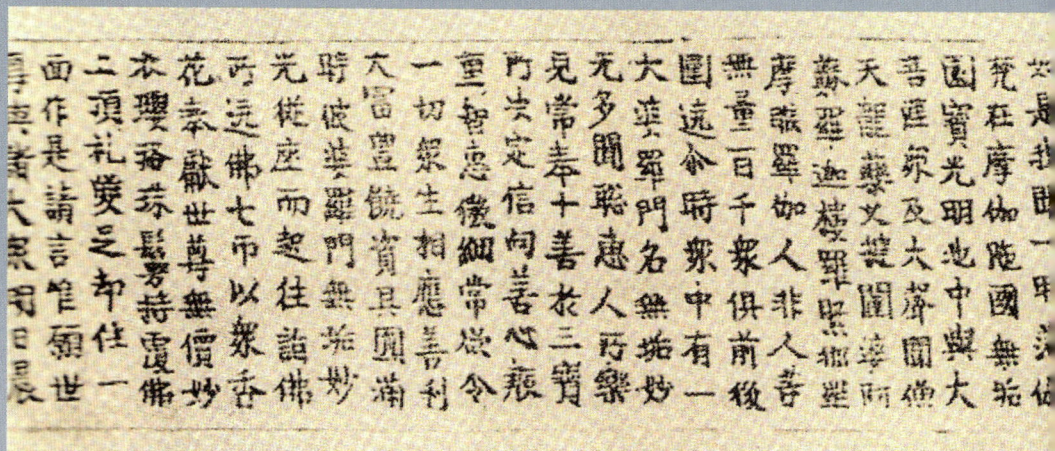

无法展开，又由于此经卷印量大，需要雕刻几套版片用来印刷，所以，此经卷大小行款均相同，只是字体稍有差异。在刻印此卷的前一年，钱俶敬造八万四千金涂塔，用以供奉此经卷。为纳藏此神咒所造之方形塔，称宝箧印塔，于四角刻佛像或种子，钱俶依经所说的"一切如来心全身舍利积聚之七宝塔中，藏有宝箧印陀罗尼密印，具大神验威德，故若有人造像立塔，供奉宝箧印陀罗尼，即成七宝之塔，亦即奉藏三世如来之全身舍利"，铸八万四千宝塔，用以供奉此经卷。

　　此卷画人礼塔像，又刊于造塔之后，当亦藏于金涂塔中。

——王国维《两浙古刊本考》

又据《文物》1972 年第 1 期介绍，1971 年安徽无为县中学的宋代舍利塔下砖墓小木棺内也发现了同样的印品，发愿文不像国家图书馆收藏品那样，四周有双边，倒是扉页画四周边为双边栏，卷共 343 行，每行 8 或

9字，卷首题"一切如来心宝箧印陀罗尼经秘密全身舍利宝箧印陀罗尼经"分作两行，卷末题"宝箧印陀罗尼经"一行。

2. 北宋乾德三年（965年）印本

开篇所述的乙丑本，即为宋乾德三年（965年）印本。1971年11月，绍兴城关镇物资公司在进行房屋基础施工时，发现地下有钱俶乙丑年铸造的金涂塔一座，塔内藏有一个小的木质圆筒，长约10厘米，红色筒内有雕版印经一卷，卷首题"吴越国王钱俶敬造《宝箧印经》八万四千卷，永充供养，时乙丑岁记"。"乙丑岁"为宋太祖赵匡胤乾德三年，因赵匡胤父亲名弘殷，所以，钱弘俶避讳改名为俶，卷首题"吴越国王钱俶"。它与"显德"刻本的图像及文字相类似，只是字体细小，每行11、12字，雕刻得很好，并用白皮纸印刷。

《宝箧印陀罗尼经》于德宗贞元年十年（794年）被编入大藏。全经一卷，意译的经文，连同音译的40句陀罗尼神咒，约略2700字，叙说了佛陀应

味饮食张於殿宇种种庄
往即於是夜广辩筹馆百
婆罗门知佛受萧还所
养不时世尊默然许之时
日晨朝至我宅字受我供
言唯然世尊兴诸大众明
礼双足却住一面作是请
衣璎珞珠鬘持覆佛上顶
众香花奉尔世尊无僧妙
起往诣佛所遶佛七匝以
婆罗门无垢妙光徐座而
大富盘饶宝具圆满蒞欲
欲今一切众生相应善利
向善心殷重智慧微细常
奉十善於三宝所决定信
光多闻聪慧人所察见常
有一大婆罗门名无垢妙
众俱前後围遶令时众中
罗伽人非人等无量百千

婆罗门无垢妙光之请，到他宅中接受供养，于丰财园朽塔处说法之事。该经宣称，书写此经供养塔中，可获佛护念。翻经者唐代"开元三大士"之一的京师大兴善寺三藏不空（705—774 年），玄宗时自印入华，"安史之乱"后为肃、代两宗所敬重，任为灌顶国师，常随左右，翻译密典，修持秘法，为华夏密宗的主要创立者。《宝箧印陀罗尼经》和宝箧印塔，被佛教界认为是佛祖释伽牟尼于末法时代救度众生的极胜妙法宝，是佛陀大悲心赐予众生对治贫穷、疾病、灾祸，福薄业重，所求不遂，多诸衰恼厄难等一切障缘的无畏武器。

3. 北宋开宝八年（975 年）印本

1924 年杭州西湖雷峰塔（吴越王钱俶建于南屏山雷峰显严院，名皇妃塔，俗称雷峰塔、西关砖塔）倒塌，在有孔的砖塔内发现藏有黄绫包首

北宋开宝八年（975年）印本

的《宝箧印经》多卷，世称"雷峰经卷"，此卷 271 行，每行 10 或 11 字不等，框高 5.7 厘米，长 205.8 厘米。纸本黄色，有竹纸和棉纸两种，潘吉星认为这是对竹纸的最早使用。卷首题：

天下兵马大元帅吴越国王钱俶造此经八万四千卷，入西关砖塔，永充供养，乙亥岁八月日纪。

题后镌刻佛说法图《宝箧印陀罗尼经》及经文。

乙亥为宋太祖开宝八年，钱俶于宋太祖建隆元年授"天下兵马大元帅"。此经当时刻印了八万四千卷，但流传至今的只有几卷而已。

通过这 3 本经书印本的比较我们可以发现，钱俶主持印施的 3 个版本，经卷实物都是版心小、字径小的小幅经咒，卷首前刊刻题记，次为扉画"礼佛图"，除所用的纸质材料不同，有竹制纸、白皮纸、棉制纸外，之后再刻经文、经题，都是图文并茂的资料。我们调查发现，乙亥本，就是我们常说的雷峰塔出土的《宝箧印陀罗尼经》流传最广，除了浙江省博物馆，北京图书馆等单位也有收藏；丙辰本最罕见，据说 1957 年瑞典国王购得丙辰本一卷，现藏其皇家图书馆；3 次印刷，每次均刊明印八万四千卷（这是佛家的成数，并非指实际数量，以指数目的巨大）；乙丑本刻版质量高，印刷质量最好；吴越国时期佛经印品质量上乘，在中国印刷史上意义重大。

不仅如此，吴越王钱俶所刻印的《宝箧印陀罗尼经》对朝鲜的早期印刷产生了一定的影响，在日本东京上野博物馆原藏高丽穆宗十年（1007 年）高丽总持寺主弘哲刻印的《宝箧陀罗尼经》一卷，框高 5.4 厘米，长 240厘米，四周单边，每行 9 或 10 字，卷首有插图和题记，插图与显德印本相同，个别细节略有不同。题记为："高丽国总持寺主真念广济大师释弘哲，敬造《宝箧印经》板印施普安佛塔中供养。时统和二十五年丁未岁记。""统和"为辽圣宗年号。从经文和版式上看，显然是据钱俶刻印的经卷为底本，只是雕刻的文字和插图不够圆润罢了。这是迄今在朝鲜境内发现最早的雕版印刷品。另外，他铸造用来供养《宝箧印陀罗尼经》的宝箧印塔，也由往来于中日之间的吴越商人和日本僧侣传入日本。

经卷的价值不仅体现在经文本身的内容，而且体现在其所承载的其他资讯，如与文献的相互印证、校勘、编辑迭失和史料价值等。就刻本佛经而言，为我们讨论中国印刷术的起源与发展提供了重要的实物佐证和历史线索。向达在《唐代刊书考》中说："中国印刷术之起源与佛教有密切关系。"从某种意义上说，佛教刺激了印刷术的发明，印刷术的发明又加速了佛教的传播。

11 绝世妙技，彩塑典范
——北宋彩塑泥菩萨立像

名　　称：彩塑泥菩萨立像

文物级别：一级

类　　别：佛像

材　　质：细白泥

年　　代：北宋（960—1127年）

规　　格：通高64厘米。

推荐理由：泥菩萨立像出土于温州的白像塔那濒临倒塌的塔身之中，保存完整，实属不易。泥塑人体结构把握准确，通体衣饰彩绘描金，人物面容完全是生活化了的世间人物，充分体现了宋塑的典型特征，显示了塑匠精湛的技艺及对美的把握。

　　1965年，温州白象塔塔身中出土的一尊彩塑泥菩萨立像（以下简称菩萨立像）不仅充分体现了宋代彩塑的典型艺术特征，而且其制作工艺也体现了"瓯塑"[①]的地方特色，堪与晋祠彩塑相媲美，是宋代彩塑一个标志性范例。

　　菩萨立像庄严端正，青丝挽高髻，头顶戴华冠，手贯环钏，胸挂璎珞，身披天衣，面容秀丽写实，神情静谧恬适，体态修美轻盈，衣装贴体简约，赋色典雅古朴，与自然写实的大时代风格相一致，散发返璞归真的美感。

　　捏、塑、贴、压、削、刻等泥塑技法的灵活运用，将菩萨女性独有的曲线律动勾勒得淋漓尽致；点、染、刷、绘、描等绘画技法润饰表层，刻画性格，描绘细节，表达质感。这尊菩萨立像已成为菩萨形象中的佼佼者。

　　①"瓯塑"又名"漆泥塑"，是浙江温州独有的民间艺术。它与"黄杨木雕""东阳木雕""青田石雕"并称"浙江三雕一塑"，是浙江省政府认定首批"浙江传统优秀工艺美术品类"之一，列入省级重点保护项目范围。2008年6月，瓯塑被列入第二批国家非物质文化遗产名录。

温州彩塑集中出土

温州的白象塔，始建于北宋崇宁三年（1104 年），从塔内发现 21 块"崇宁三年（1103 年）十月"纪年塔砖，表明从 1103 年即开始烧制塔砖，至政和五年（1115 年）建成。有关白象塔的史料记载简单不详，仅见于明弘治及万历《温州府志》记载：

白塔瑜伽寺，在德政乡（今天的南白象乡），唐贞观八年建。

又有明嘉靖十二年白塔寺住持成钦《永嘉白塔寺重修宝塔募缘疏》中记有：

肇创于李唐之贞观，葺修于赵宋之咸平。

清代光绪年间《永嘉县志》亦载：

白塔瑜伽寺，在德政乡，唐贞观间建。

说明白象塔旁边原来建有白塔瑜伽寺，建于唐代贞观年间，但并没有详细记载建塔时间，到了明代嘉靖年间，白塔瑜伽寺演变为白塔寺，说明这个时期塔的影响力已经盖过了寺本身。民国廿一年《重修白象宝塔记》记载：

> 夫是塔也，肇创于李唐之贞观，葺修于赵宋之咸平。

寺的概念换成了塔，而修塔人是临近白象塔的头陀、仙岩二寺的住持——僧显培、僧显寿，说明此时的白象塔已经没有住寺僧人，白塔瑜伽寺早已颓废。

白象塔一层塔砖有纪年铭文"崇宁三月（1104 年）十月"，窖藏文物坑上盖砖有朱笔铭文"政和五年（1115 年）六月纪年款"。由此可以知道，寺建于唐代贞观年间，塔的建成年月为北宋政和五年，先有寺然后建塔，寺先于塔而颓废。

近千年的风雨侵蚀，塔几欲倒塌。1964 年，因白象塔三四层出现多处裂缝，塔身倾斜 1.98 米，塔身第三层西南面塔砖已经溃碎，无法再维修加固，濒临倒塌的危险，经浙江省文物管理委员会批准，发文拆除白象塔，1965 年 2 月至 4 月清理了塔中文物并采取异地保管。当时参与的考古学家对塔内所珍藏的众多精美文物深感震撼，文物工作者从塔中发掘出大量的经卷、绘画、雕塑品、石刻等北宋文物，总共有 1000 余件。这么大批的佛教文物，其中佛教造像数量最多，有铜像、青瓷像、彩绘泥塑像、陶塑像、木雕像、砖雕像、纸绢本画像等多种形式，极富特色。

根据考古现场记录，塔内文物，第七层有北宋铁质塔刹、覆钵、覆盘各 1 件。6 层无文物发现。5 层有咸平、崇宁铜钱 177 枚，民国《莲花经》1 部、《大乘莲花经》2 部。4 层有民国彩瓷茶壶、青花瓷瓶（残）各 1 件，北宋铭文砖 2 块。3 层有北宋陶塑菩萨头像 2 件、泥塑彩绘菩萨 2 件、砖雕4件、朱笔铭文砖2块。2层、1层（含台基）为文物最为集中的地方，占全塔发现文物总数90%以上。其中以北宋泥塑彩绘菩萨、天王、力士、伎会和供养星像为最多，其次有北宋漆器、砖雕、木雕、青瓷、铜器、印经、写经、绘画及唐宋钱币等。塔身的壁龛内一次性出土的42尊北宋彩塑佛教造像，保存尚完整者31尊，其中一尊观音菩萨坐像、一尊彩塑泥菩萨观音立像和一尊供养人像为出土精品，是塔中文物最有价值的艺术珍品，彩塑题材丰富，形态毕肖，敷彩描金，有绚烂之美，可谓是精彩绝伦，极富特色，成为现存宋代彩塑的典范之作，特有的工艺技法愈显南方造像的细腻精致。

彩塑泥菩萨立像以杉木条入股，用淘洗捶打过的黏土塑出躯干轮廓，再掺有谷壳、麻丝的黄泥为肉，拌入桐油、麻

彩塑观音菩萨坐像

这尊彩塑观音菩萨坐像高髻花冠，两边宝缯下垂至肩膀，额头正中有白毫，用宝石镶嵌，弯眉细目，戴着项圈，身披璎珞。身上还穿着小菱格纹石绿色褙衫，外披粉红色广袖天衣，下系钻石纹红罗裙。并在莲台之下堆塑五色云水。十分富丽。

丝的细白泥为肤，在表面敷一层细泥，最后由装彩匠上彩描绘，是绝世妙手倾注满腔的宗教热忱精雕细塑的完美杰作，白象塔彩塑所采用的细白泥是当地制造瓷器的原料土，这种油泥塑的工艺也就是当今著名的"瓯塑"。

20世纪70年代初，浙江省博物馆向温州博物馆提出调拨两件北宋彩塑代表作品的要求。彩塑泥菩萨立像因此保留在了浙江省博物馆，被定为国家一级文物，也是博物馆内十大镇馆之宝之一。

宋代世俗风貌的体现

这尊菩萨立像通体衣饰彩绘描金，保存比较完整，可惜色彩已有剥落。

菩萨头微颔，面相长圆，下颌丰满，有双下巴；长眉细目，茶黑点画睛珠，谦和垂视，眼光中充满虔诚与希冀；直鼻子窄鼻翼，樱桃小口，朱红点画双唇，粉红晕染两颊。颈部细长，画有肉纹，项饰璎珞。发髻高耸，挽成螺形，缀饰璎珞，线刻与线描结合刻画出整齐的发丝。

唐朝，有着比以往任何朝代都丰富的新的审美因素和色彩，审美趣味由前期的重再现、客观、重神形转移到后期的重表现主观、意韵、阴柔之美，体现了魏晋六朝审美意识的沉淀，审美的角度又逐渐趋向华丽、唯美。由于隋唐是中国封建社会的鼎盛时期，国力强盛，因此女性之美也相应地呈现出了雍容华贵的景象，也就是我们通常所说唐代女子以胖为美。宽额圆

《内人双陆图》局部

唐·周昉，绢本。现藏于
美国弗利尔美术馆。

脸、丰腴肉感加上高耸的发髻，飘扬的披帛，显得华丽大方，充分体现了"盛
唐气象"。她们的打扮是中国历代女性中最为大胆和性感的。

　　宋初，妇人的头冠往往"以漆纱为之，后加以饰，金银珠翠，采色装
花"，高发髻流行，号称"朝天髻"。端拱二年（989年），朝廷曾下令"不
得做高髻或高冠"，却抑制不住爱美女人的趋饰之心，愈演愈烈，就有了
立像中如此之高的发髻。

　　唐宋时期的服装在延续了南北朝时期的飘逸感的同时更增添了华丽之
美，唐代女性着装之暴露，在中国古代可谓空前绝后，对于化妆也极其讲
究，那时流行画浓晕蛾翅眉，高而上扬的眉形，更加增添了女子的风韵。
崇尚美目眉，是中国妇女的传统，延续到了宋代。古人将眉毛称为"七情
之虹"，因为它表现出不同的情态，并使脸部更有立体感，如秦朝流行"蛾
眉"，汉代崇尚"八字眉"，唐宋以柳眉和月眉最受青睐，明清则以纤细弯

曲的眉毛为主并一直延续至今。所以我们看到的宋代的女子塑像，生活气息浓郁的同时还增添了几分理性。

宋代女子画眉，有浓广细淡之分，如苏轼《寄怀》所云："春来赢得小宫腰，淡淡纤眉也能描。"又《眉子石砚歌赠胡訚》说："君不见成都画手开十眉，横云却月争新奇。游人指点小鬟处，中有渔阳胡马嘶。"这里所谓的"横云""却月"就是眉形。我们现在能看到的山西晋城玉泉庙里的北宋画眉侍女和山西晋祠的彩塑侍女都保持了这样的眉形，菩萨立像也体现了这样的审美观。宋代妇女的嘴唇往往以鲜红的唇脂点染成各种形状，流行的有石榴娇、大红春、小红春、万金红等，从唇妆的色彩上来看，除了胭脂、朱砂本身的色调在化妆时有浓淡之分，菩萨立像是标准的"揉蓝衫子杏黄裙，无语点檀唇"。

菩萨立像微微下垂的双肩凸显女性柔弱之貌，发辫、宝缯（就是菩萨头冠两侧或飘举或垂悬的丝带）搭两肩，搭一条石绿色描金缠枝纹帔巾，帛带绕过颈部系在胸前，沿身体曲线贴体侧垂于座上。袒胸露背，可以看到里面穿着的红色描金菱格纹贴体垂曳长裙，这是很有意思的装束。帔巾，是一种长披肩，搭在肩背上，飘垂到腰间，又称"帔子""帔帛"等，是由西域传入的服饰，唐代妇女已经穿用很普遍了。帔有很强的装饰作用，一般用绫、帛、丝、罗等较轻薄的织物制成，颜色也多为红、绿、黄、紫等色。此外，还有半袖外衣，套在窄袖上衣的外面，式样与男子所穿的"半臂"相似但略有不同，女子的半袖外衣多为对襟，领口较低。这种服饰也是由西域传入唐朝的。而不同颜色的衫（襦、袄）、裙与帔、"半臂"搭配，再加上各种装饰性的饰物，使得女性服装格外色彩缤纷，艳丽夺目，故而唐人有许多诗句吟诵女子"粉胸半掩凝暗雪""半露胸如雪"的美丽。不过，这些服饰主要是中上层社会妇女穿用的，这种大胆、浪漫的妇女服饰风格，体现了唐人对于女性身体自然美和性感美的欣赏，也从另一个角度反映出社会风气的开放。可见，当时这样的装束是一种流行趋势，这种特点同样也反映在了宗教塑像中。1956 年出土于浙江金华万佛塔塔基的铜铸鎏金观音菩萨坐像，同样是纤身、细眉，流线动人，保留着中亚的服饰遗风，袒胸露足，身披天衣，满饰璎珞，坐在叠层海石之上，和白象塔出土的彩塑泥菩萨立像有异曲同工之妙。

腹部系带打结，腰束石绿色描金蜂窝纹围腰。衣裙上的图案纹饰精细逼真，色彩简淡内敛。裙摆呈花瓣状垂覆于脚面，衣褶自然悬垂于膝部，尽现绮罗衣料柔软飘动的质感。

1000 年前左右，妇女的服装没有什么限制，大都喜欢鲜亮艳丽的色彩，尤其是红色裙子，又被称为"石榴裙"，富贵人家妇人为了追求奢靡华丽，还要在石榴裙上打几十个褶，裙上还印花、刺绣、绘画、穿珠、镶宝等各种装饰，再系腰带，结各种各样的花样，长长垂下，走起路飘飘生动，平添风采，更为妇女们所喜爱，比当下一些爱漂亮的名门淑媛是有过之而无不及的。这种领口低开或半裸前胸、不着内衣、仅披轻薄纱罗而裙腰高束的服装样式，我们在唐代壁画中经常看到，在唐宋时期的菩萨画像和雕像当中也经常可以看到这样的装饰。宋代壁画数量骤减，然而这尊菩萨立像的经典造型却为我们还原了 1000 年前的仕女：腰肢微弯，臀部左扭，以左脚为中心，右腿微微弯曲，形成 S 形曲线，充满律动，微妙的动势传达女性柔美之态，正是此像点睛之笔，是最为传神之处，被外国观众一边赞叹一边热情地称为 Eastern Venus，"东方的维纳斯"，妙的是，我们的"维纳斯"是完整的最初状态。

菩萨塑像双手纤巧，肌肤细腻，手臂和手腕戴着钏，平举胸前合十，恭敬礼拜；双足八字外分，赤足立于双层仰莲座上，莲叶一改宽大饱满的

菩萨立像侧面图

形质，从侧面观赏时会
发现体形略显消瘦单薄，
莲台色彩与菩萨服饰色
彩上下呼应，修美的菩
萨与轻盈的莲台浑然一
体，别具匠心，这和中
国人沉积多年的审美习
惯密切相关。由于政治、
经济、文化等诸多方面
的影响，宋人开始崇尚
纯朴淡雅之美。女性美
从唐代的华丽开放走向
了清雅、内敛。在宋代，
女性的美大致以观音菩
萨的本貌作为标准，人
们对美女的要求渐渐倾
向文弱清秀：削肩、平
胸、柳腰、纤足。缠足
之风则遍及民间，宋朝
女性中很流行戴一种叫
"花冠"的装饰品，这种
花冠制作精细考究，为
那一时代的女性增添了
妩媚的气质；"三寸金莲"

成了对女性美的基本要求。然而，我们看到的彩塑泥菩萨立像，有着宋代的文弱清秀的特点，不但没有裹脚，还露着脚趾，穿戴着唐代风格的衣服和饰品，这是很有意思的。菩萨立像袒胸露臂，肌肤敷以淡淡的肉粉色，晕染自然柔和，臂和腕戴着钏。

宋代彩塑造像写实秀丽，既有唐风遗韵，又有宋之特色；以世间人物为模本来塑造佛像，人物面容完全是生活化了的世间人物，人神的高度统一，契合世俗社会的审美倾向，形成了宋塑的自然之美；塑像人体结构把握准确，线条流畅圆润，肌肤柔润匀称，筋骨分明清晰，体态婀娜多姿，形成了宋塑的形态之美；衣饰质感逼真细腻，衣纹卷褶简约自如，衣饰精描细绘，敷彩贴金，灿若云霞，形成了宋塑的服饰之美。

泥塑发展的巅峰

女娲团土造人的上古传说映射了人类对泥土的认识非常早。泥土乃自然所赐，随处可见，易于造型，以泥土为原料而产生的泥塑艺术，与人类的童年相伴而生，起源甚早，历史久远。梁思成曾说："艺术之始，雕塑为先。"泥塑作为雕塑的一个分类，在某种意义上也可为雕塑之先。新石器时代的许多文化中远古人类留下了很多造型各具特色的泥塑作品，如河姆渡文化的陶猪、红山文化的陶塑女神像、大汶口文化的陶塑动物等。随着审美意识的加强，泥塑外描绘敷彩加以美化是为彩塑，而完美成熟的彩塑作品早

红山文化女神塑像，
牛河梁地区发现。

大汶口文化的红陶兽形鬶。

新石器时代陶器

在距今 7000 年左右的新石器时代仰韶文化中就已诞生。

新石器时代之后，中国泥塑艺术一直没有间断，发展到汉代已成为重要的艺术品种。由古印度的迦毗罗卫国（今尼泊尔境内）王子所创的佛教在东汉明帝时经丝绸之路正式传入中国。据《续高僧传·智周》记载，笃信佛教的晋司空何充曾造七龛泥像，这是文献有关彩塑造像最早的记录。

两晋南北朝时期，佛教艺术开始形成，造像于此时形成了独立的体系及中国式的造像风格的发端。彩塑造像与石窟造像、金铜造像等形式一同流行开来。

敦煌壁画248 窟中壁画上的供养菩萨像

经过四五个世纪的冲突与融合的过程，到隋唐后，彩塑艺术大放异彩，达到了鼎盛时期。随着道教的兴起和佛教的不断融合，以及多神化的奉祀活动，社会上的道观、佛寺、庙堂兴起，直接促进了泥塑艺术的发展。彩塑造像艺术以其固有的明显特色在历史长河中散发着美丽，著名的敦煌莫高窟彩塑，上至十六国，下迄西夏，历时千年，至今保存2000余尊，成为中国规模最大、历史最悠久、系统最完整的彩塑艺术博物馆。

到了唐代，泥塑艺术达到了顶峰。被誉为雕塑圣手的杨惠之是唐代泥塑的杰出代表。至宋时期，中国佛教各宗派已走向融通，佛、儒、道之间日益相互调和；造像形式多样，如金铜像、玉石雕像、泥塑像、木雕像等，以彩塑像最有特色。彩塑造像容易制作，所需费用比较少，同时也能满足人们日常生活中对宗教的期盼，适合民间供养佛像，尤其适合古代女性闺房之中供养菩萨、佛像。因而，彩塑菩萨像成为宋代普遍流行的一种造像形式。菩萨造型方面没有统一的定式，表现形式可以自由多样，塑匠画师可以任意创造。这样更有利于宋代佛教深入民间，向世俗化、社会化、普及化发展，使得宋代佛教造像达到了写实标准的高峰，更适合表达宋代自然写实的造像风格，增加艺术表现力，从而形成了宋代彩塑独有的艺术之美。

元代之后，历经明、清、民国，泥塑艺术品在社会上仍然流传不衰，但以小型泥塑为主，大型泥塑则比较罕见了。综合来看，任何一个时代的审美情趣都与当时社会的政治、经济、文化背景有密切的关系，而影响它们的因素则是社会的变迁——社会大环境制约人们欣赏美、追求美的愿望和行为。

泥塑像是很难保存的，流传下来的彩塑造像大多数经过后世修缮重装，早已今非昔貌。白象塔彩塑虽出土于白象塔潮湿环境之中，却依然保持完整且出土时即以原貌示人，再现宋代彩塑艺术精髓。通过这件作品我们可以看到，北宋时期，菩萨造像达到了写实标准的高峰。菩萨集淡定的面相、虔诚的神情、匀称的体态、动人的造型和谐一体，内在精神与外在形式达到了完美的统一，人体结构把握准确，线条流畅圆润，肌肤柔润匀称，筋骨分明清晰，微微弯曲

江苏省保圣寺保存完好的唐代杨惠文的泥塑作品

的身体更显得体态婀娜多姿，散发出一种形态之美。衣饰质感逼真细腻，褶皱简约自如，精描细绘，敷彩贴金，灿若云霞，形成了宋塑的服饰之美。这种从艺术史角度雕塑与绘画的完美统一，更合适地表达了宋代自然写实的造像之风，增加了艺术表现力；突出反映了唐代妇女审美观念对宋代女性审美观念的巨大影响，并一直延伸至宗教信仰领域。

12 漆艺骈罗，名扬天下

——北宋识文描金檀木经函（内外函）

名　　称：识文描金檀木经函（内外函）

文物级别：一级

类　　别：漆器

材　　质：紫檀木

年　　代：北宋庆历二年（1042年）

规　　格：外函：长40厘米，宽18厘米，高16.5厘米。内函：长33.8厘米，宽11厘米，高11.5厘米。

推荐理由：这套经函为慧光塔落成而装藏供养的宫廷器具。外函用"识文"漆灰堆出花纹，并镶嵌
　　　　　上小珍珠；内函画满忍冬纹、菊花纹图案。内函中藏《宝箧印陀罗尼经》。这套经函是
　　　　　我国仅有的两件北宋识文堆漆工艺漆器的实物样品，见证了中国漆器的辉煌发展。

识文描金檀木经函（外函）

识文描金檀木经函（内函）

　　1966年年底到1967年年初，浙江瑞安县仙岩当地的几位农民，偶然在被拆毁的慧光塔塔壁里，发现了一批珍贵的佛经和宗教艺术品。后经考古部门继续挖掘出土，并上门收缴，共得到文物计69件，除3件为清康熙年间修塔时增入外，其余都是北宋庆历三年以前文物。此外，还有500多枚唐代至北宋的钱币。慧光塔向世人开启了一个温州佛教文化的宝藏之门。

慧光文物的发现

　　温州规模最大的佛塔——慧光
塔在县东 40 里的仙岩寺南面，中有
虎溪相隔，宋代直称"仙岩寺塔"，
位于仙岩风景区虎溪之南、卧象山
之西的圣寿禅寺内，创建于唐大中
年间（847—859 年），毁于北宋宣和
年间（1119—1124 年）。

　　佛教传入我国后，与传统建筑
和文化相结合，塔作为佛教传法弘
法的象征，成为形象崇拜的代言人。

　　从塔中出土的北宋经卷得知该
塔曾于北宋景佑元年至庆历三年重
建。相传致蕴长老到达仙岩的前三
日，附近居民夜间见到塔上"灯光
熠熠"，众人以为佳兆。后致蕴长
老主持圣寿禅寺（又名仙岩寺），

慧光塔

发愿振兴佛事，先寺后塔在元代至
顺元年全部竣工，元代延佑年间始
改今名为"慧光塔"。该塔第二次

重建，开始于清代康熙三十六年（1693年）四月，工程由超智和尚（天目大师）鼎力支持。官至翰林院检讨的潘耒在《重建仙岩慧光塔序》内说："佛教庄严最宏丽者，无如佛塔。人间土木之功，最艰且巨者，亦无如立塔。"

慧光塔做6面7层，每层3面有门。外部原有木檐，后来损毁了。此塔修缮后，栏杆铁顶，庄严倍前。据仙岩的群众反映，塔基下的"龙宫"和塔身里面原来藏有很多东西，由于新中国成立前国民党匪军某部团长的疯狂盗掘，大部分都被劫掠去了。经历了167年的风霜雪雨后，从辉煌走向了毁灭。现在留下的这些，是幸存在砖墙内的一少部分，尤为珍贵。

慧光塔出土的文物主要有五代吴越国铁阿育王塔、北宋刻印书和手书经卷、北宋识文描金檀木经函、堆漆舍利函、莲花纹带盖金瓶、鎏金玲珑银塔、木雕佛像、磨花蓝玻璃瓶以及双面绣经袱等。其中，金书、银书、墨书的佛经共35卷。塔内发现的作于庆历二年（1042年）的两套檀木漆函，一套分内外两个的是经函，另一套是舍利函。函底都有金书题记，二函是宋代漆器的标志性器物，装銮考究，函上漆塑或工笔描金各式图案，精美无比，反映了当时成熟的漆作和漆画水平。

下文我们重点介绍专门盛放经书用的经函。

漆函中的翘楚

经函以紫檀木为胎，盝盖，函呈长方形，分内外两函，合为一套，存放经卷、经书所用。函内部施酱褐色漆。

函底绘字几行，仅"大宋庆历二年"等字依稀可辨。外函顶部及四壁用漆堆塑佛像、神兽、飞鸟、花卉等，嵌小珍珠，色泽厚重。

内函形制与外函同，但未堆漆。除函底外，都加工笔金描：顶部绘双凤纹 3 团，忍冬为底纹。忍冬为一种缠绕植物，亦称"金银花""二花"。忍冬科，多年生半绿蔓生植物。忍冬纹即类似忍冬花植物的花纹，被喻为

内函上卷草忍冬花纹横图图案

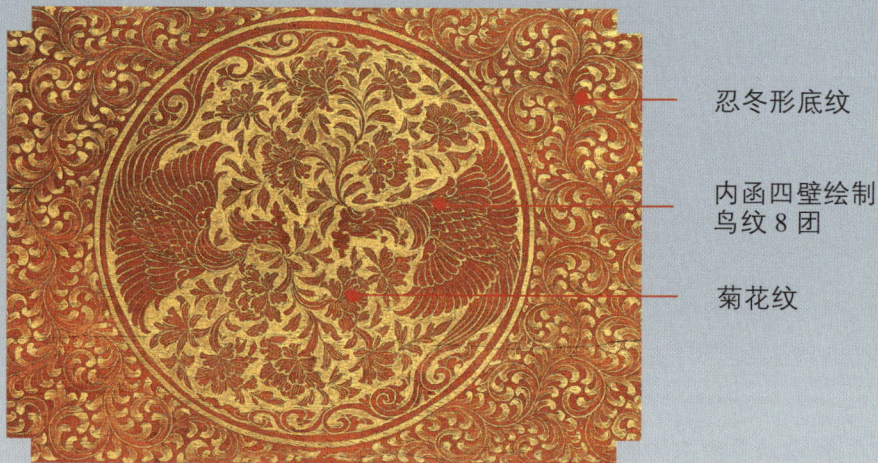

忍冬形底纹

内函四壁绘制
鸟纹 8 团

菊花纹

人的灵魂不灭，轮回永生。东汉开始，南北朝盛行，隋唐逐渐被缠枝卷叶的花草纹所代替，常作为描画或戗刻等漆器的边饰。

菊花是我国的传统花卉十大名花之一，一般在农历九月盛开，淡雅素洁，生存能力极强。因"九"与"久"同音，人们常用以象征长寿、长久、祥和温馨和吉祥如意。"不是花中偏爱菊，此花开尽更无花"，因其盛开在百花凋零的季节之后，独吐幽香，具有傲雪凌霜、质洁的品格，历代文人高士都十分青睐，将其视为桀骜和高尚品格的象征，并赞它为"风劲斋逾远，霜寒色更鲜"，故常喻为君子。菊是文人极喜爱的花，因此常将它们列入装饰纹样之列。以单种植物或多种植物或与其他物种组合，作为传递信息的象征符号，以表达它的文化寓意。同时借助延长植物的自然属性或取意植物的谐音、同音，来表示某种吉祥的象征符号，从而反映人们的祈福观念和愿望。

外函下部须弥座画神兽形态生动，底纹为菱形网状。

须弥座画神兽

　　据考证建塔助缘施主姓名，此函和金字经卷都是永嘉县的严士元所舍。函的金色花纹与一般的描金漆器做法不同，是金粉调胶，直接用笔画在漆面上的。绘画风格与函内经卷的缥头相近，运笔挺拔自如，都是名手的优秀作品。内外函子原有 3 只，现在仅存 1 只。

　　内函中藏《宝箧印陀罗尼经》一卷。高 30 厘米，全长743.9 厘米。纸张坚白，裱背精湛；通篇金丝栏金书，书法秀媚，蔚为大观。

　　此卷檀木做轴，两端扣以铜头，然后用彩色丝带扎缚。缥头里外都以金笔描出工细的花卉图案，结构谨严，线条流畅，毫无改窜凝滞之迹，充分表现出北宋民间匠师从事艺术实践的高度才智和认真态度。

　　漆器所制作的器皿，因唐代经济发达、文化繁荣，种种

《宝箧印陀罗尼经》卷

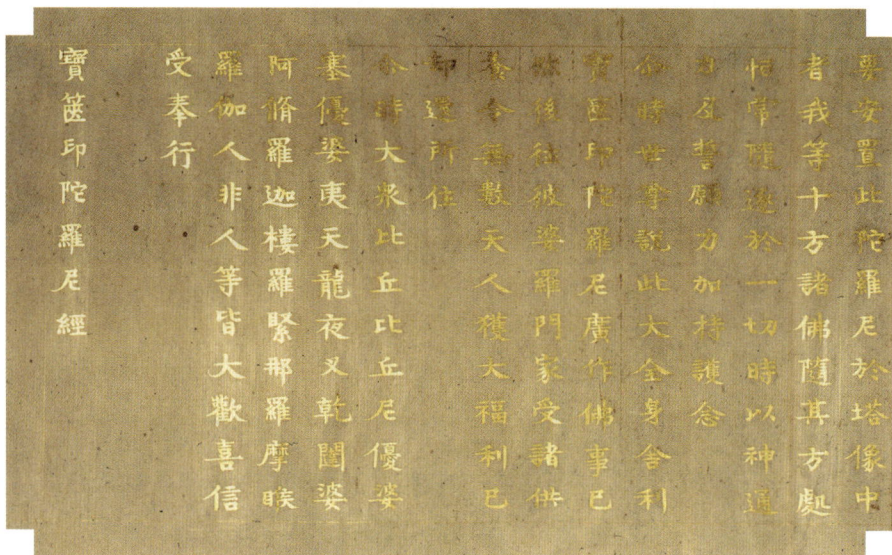

金书《宝箧印陀罗尼经》经文局部

因素使工艺美术也随之发达，呈现出华丽的风格，漆器制作技术也往富丽方向发展，金银平脱、螺钿、雕漆等制作费时、价格昂贵的技法在当时极为盛行。两宋曾被认为是一色漆器的时代，但发掘出土了许多有高度发达的纹饰的两宋漆器，改正了过去的认识。在苏州瑞光寺塔中发现的真珠舍利经幢，底座上的狻猊、宝相花，供养人是用稠漆堆塑的。

漆器的制胎和髹饰技艺发展到了宋代已经十分成熟，我国仅有的两件宋代识文堆漆工艺漆器的实物样品，都保存在浙江省博物馆，一件是檀木识文描金经函，另一件是堆漆描金舍利函。

堆漆描金舍利函，通高 41.2 厘米，底宽 24.5 厘米。方形，由盖与基座两部分组成。其四角用堆漆工艺，密布肥厚的缠枝牡丹，在人物图案与缠枝牡丹之间，缀以珍珠、堆漆连弧纹。基座束腰，四周各有一只堆漆狮子，座内底金书施主姓名及其地位。盖四壁中央都工笔金绘人物画 4 幅，线条流畅委婉，纤细若游丝，精妙细微，形象逼真自如，从构图及其技法来看，仿佛是一幅简化了的《朝元仙仗图》。从构图及其技法来看，已突破了壁画粉本的窠臼，向白描人物画迈出了一大步，同时也与舍利函的实际用途紧密结合。这种题材自唐以来多画在道观壁上的，由于北宋真宗赵恒、徽宗赵佶的大力提倡，所以流传得相当广泛。

函内供奉木雕的天王立像 2 尊，泗州大圣坐像 1 尊，并有明确年号及施主姓名的金瓶、银龛、银瓶、银塔、银盂、鎏金银神王像。玻璃珠 2 颗，

玻璃舍利瓶

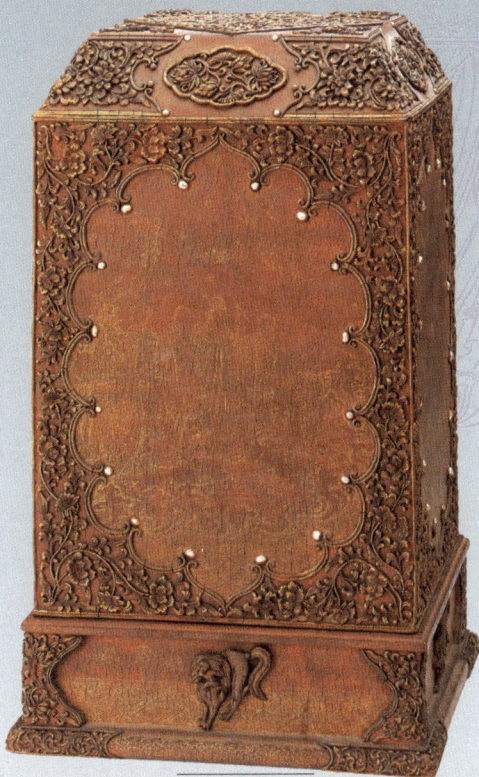

堆漆描金舍利函

薄胎玻璃瓶、蓝色磨花高颈玻璃舍利瓶各 1 件。其中玻璃舍利瓶为浙江省首次发现的伊斯兰玻璃器皿。另外，以杏仁色单丝素罗为地，用黄、白粗绒施平针绣成对飞的翔鸾双面团花的经袱，是我国目前所见到的有明确年代的最早的双面绣。这些文物现大多数都藏于浙江省博物馆，从各个方面反映了一定历史时期的真实情况，为史学工作者对北宋的政治、经济、文化、艺术以及对外贸易往来和文化交流的研究，提供了实物例证。

堆漆之器价攀高

唐代漆器达到了空前的水平，有用贝壳裁切成物象，上施线雕，在漆面上镶嵌成纹的螺钿器；有用金、银花片镶嵌而成的金银平脱器；有用稠漆堆塑成形的凸起花纹的堆漆。

堆漆是在平滑的漆面上，用大漆、木炭粉、干漆粉、漆灰或胶灰等材料进行堆塑，然后在堆起的纹样上装饰加工。就是在木头雕刻好经函的形状之后，在表面用"灰"堆起，这里的"灰"指的是一种专门制作漆器的漆灰原料，"灰"地子一律是紫色的，花纹就像是做蛋糕时在上面加的花纹一样，是一层层挤出来的，一层覆盖一层，所以我们看不到表面进行过雕琢的痕迹，这就是专家们所说的"识文"的做法。其以透明漆褐色为底，用腻子堆起向上凸显的花纹后用透明色罩漆，效果是很独特的，区别于浮

函上堆漆的佛像

雕。按杨明《髹饰录》的备注："堆漆以漆写起，识文以灰堆起，堆漆纹质异色，识文花地纯色，以为殊别也。"识文是用漆灰或漆堆起花纹，再罩上清漆使之光亮。《髹饰录解说》中提道：

堆漆，其文以萃藻、香草、灵芝、云钩、涤环之类，漆淫泆不起立，延引而钦界者不足观。有各色重叠者甚爱。金银地者愈华。

用现在的话说就是：先以颜色向上堆花纹，按照自己喜欢的，或漂亮或写实或抽象地用漆画出形状或图案，反复用不同颜色或单色色漆堆砌到一定的高度，还可以在其中加不同的装饰材料，如后来从越南传入的贴蛋壳，也有螺钿，等等，可随意，而其他空白的地方则可以用一两种色漆整体涂匀，也可以加其他装饰材料，最后打磨至显现出想要的丰富色彩，效果极为美丽。现今漆艺中的技法很多，层出不穷，漆艺中有堆漆和剔漆两种技法，这两种技法一正一负，相互成对比，效果也截然不同，一者为加法，一者为减法，加加减减使画面的装饰效果变得丰富、美丽。

宋代，温州经济在前代发展的基础上成为全国经济较发达的地区，农业、手工业、对外贸易等均居全国前列。漆器工艺号称全国第一，是当时我国对外贸易和文化交流的一项重要内容。有北宋诗人杨蟠于宋哲宗绍圣二年(1095年)任温州知州时歌咏温州首邑永嘉县的诗为证：

一片繁华海上头，从来人唤小杭州。水如棋局分街陌，山似屏帷绕画楼。
是处有花迎我笑，何时无月逐人游。西湖宴赏争标日，多少珠帘不下钩。

今日中国大陆和台湾，漆器仍是民间工艺的重要组成部分，著名的漆器工艺，包括福州的脱胎漆器，厦门的髹金漆丝漆器，广东晕金漆器，扬州螺钿漆器，稽山螺钿漆器，山西平遥推光漆器，成都银片罩花漆器，安徽屯溪犀皮漆器，北京剔红漆器，台湾南投县黑髹漆器等。近几年来，漆器在古玩市场上价值凸显出来，日渐为艺术品收藏投资者所青睐，市场价值不菲。少者几千元，高者上万元，品相好的尤为抢手。

笔者认为漆器始终处于热销的原因有三。首先是因为漆器所涉及的题材，大多承载着民俗、民风传统风格，内容涉及儒家文化的中庸、礼让、忠义等，也有人们喜闻乐见的人物、花鸟、山水、草虫、吉祥图案等，符合国人的审美价值取向。其次，这些漆器工艺精巧，图案纹饰优美，造型丰富，风格纷呈，具有较高的艺术欣赏价值。最后，还在于这些漆器充满了历史的沧桑和凝重感，以其独特的魅力受到了现代人的青睐，融入了都市人的生活。

13 辟雍取法赋吴兴

——元赵孟頫《吴兴赋》

名　　称：赵孟頫行书《吴兴赋》

文物级别：一级

类　　别：书画

材　　质：绢本

年　　代：元代（1271—1368年）

规　　格：纵25.2厘米，横282.3厘米。

推荐理由：历经宦海沉浮的赵孟頫为聊解恋乡情结，重书青年时所作《吴兴赋》，字体端庄秀丽，章法均匀整齐，用笔富有变化，无大起大落之笔，表现出温润娴雅、秀妍飘逸的风格面貌，展现了优雅的文人风范和理性技巧规范的结合，是其书法风格成熟之后的代表作。

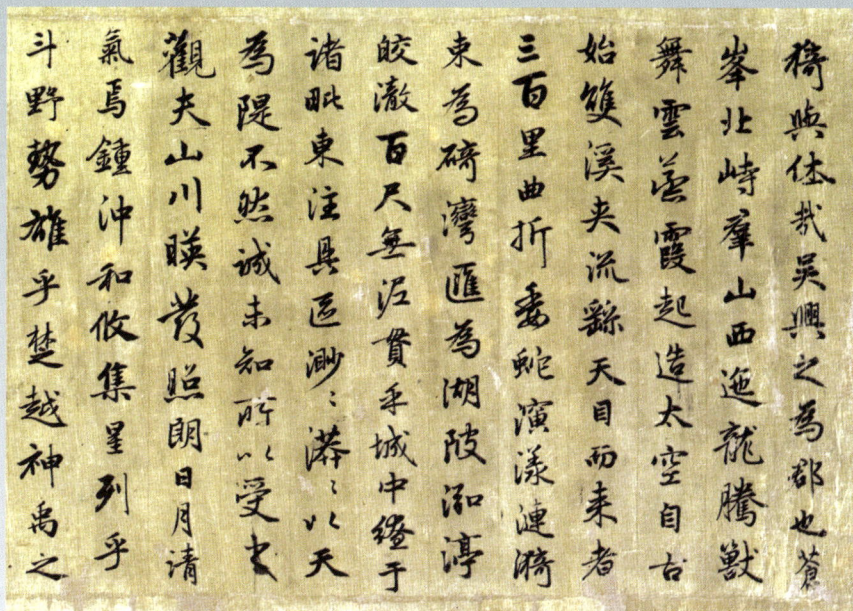

　　《吴兴赋》是赵孟頫20多岁时撰写的一篇赞美家乡吴兴（今浙江湖州）的赋文，由故乡的地理风貌，至人文乡俗，描绘了苕溪两岸的美丽景象；辞采华茂，雍容典雅，又清新自然，颇有汉赋传统，且具魏晋风范。正文91行，满行9～12字，凡935个字，是赵孟頫自己手订《松雪文摘集》的开卷之作。首题"吴兴赋"3字或因传世装裱过程右边已残缺。大德六年（1302年），49岁的赵孟頫正在江浙等处儒学提升任上，身居杭州，又得以时返故里，于是翻检旧著，重书此赋，就有了这一传世名卷。文末赵氏自跋，凡3行，41字，卷尾有刘重庆跋。隔水后纸有李佐贤跋。自钤"赵氏子昂"朱文印，另有"张应甲""东海张甲字口书画""张应甲印""张洽之印""希逸氏"等鉴藏印，卷首4方，卷后7方。

在浙江省博物馆所藏的古代书法作品中，由元代书法大家赵孟𫖯所写的《吴兴赋》手卷是世所瞩目的一件文物。

全卷内容如下：

猗与休哉！吴兴之为郡也，苍峰北峙，群山西迤，龙腾兽舞，云蒸霞起，造太空，自古始。双溪夹流，繇天目而来者三百里。曲折委蛇，演漾涟漪，束为碕湾，汇为湖陂，泓淳皎澈，百尺无泥，贯乎城中，缭于诸毗，东注具区，渺渺㳽㳽，以天为堤，不然，诚未知所以受之。观夫山川映发，照朗日月，清气焉钟，冲和攸集。星列乎斗野，势雄乎楚越，神禹之所底定，泰伯之所奄宅。自汉面下，往往开国，洎晋城之揽秀据实，沿流千雉，面势作邑。是故历代慎牧，必抡大才、选有识。前有王、谢、周、虞，后有何、柳、颜、苏，风流互映，治行同符，皆所以宣上德意，俾民欢娱。况乎土地之所生，风气之所宜，人无外求，用之有馀。其东则涂泥膏腴亩钟之田，宿麦再收，粳稻所便，玉粒长腰，照莒及箱，转输旁郡，常无凶年。其南则伏虎之山、金盖之麓，浮图标其巅，兰若栖其足，鼓钟相闻，飞甍华皇，衡山绝水，鲁史所录，盘纡犬牙，陂泽相属。蒹葭菰芦，鸿头荷华，菱苕凫茨，崔蒲轩于，四望弗极，乌可胜数！其中则有鲂鲤鲦鳠，针头白小，鲈鳜胦馀，鼋鼍龟鳖。有蛟龙焉，长鱼如人，喷浪生风，一举百钧，渔师来同，罛罟笭箸，罩汕是工，鸣榔鼓枻，隐然商宫，巨细不遗，㿯㿯喁喁，日亦无穷。其西则重冈复岭，川原是来。其北则黄龙瑶阜之洞，玲珑长寿之坞，悬水百仞，既高且阻，硁砑嵌釜，崴磊硼磕，怪石万数，旅乎如林。其高陵则有杨梅枣栗，楂梨木瓜，橘柚夏孕，枇杷冬华，槐檀松柏，椅桐梓漆之属。文笋绿竹，箓簜杂绀还，味登俎豆，才中宫室，下逮薪樵，无求不得。其平陆则有桑麻如云，郁郁纷纷，嘉蔬含液，不蓄长新。陆伐雉

浮屠标其巅，兰若栖其趾，
钟相间飞甍，华屋衡水终，
水鲁史所录，鉴行大牙罢泽，
相属菱茨蒲茭，芦鸿头菱羋，
姜苦兔茨蒲，其中则有财，
龙鼋龟鳖有蛟龙焉，长鱼，
鲤鲋鳝针头白，鲈鳅鲦余，
如人啸浪生风，一举百钧湄，
师来同闷筈答，鹙罩汕兮，
工鸟橹鼓枻，隐然宫辟细，
不遗以……唱……三壹窽其，
西则重冈复岭，川原是来其，
北则黄龙复阜之涧，玲珑长，
蘗之鸿县，水而伺阮，高旦岫，
瑶砎蝰峯崴磊，碅磳嵑石，
有杨梅枣栗，橹木底檔，
柚夏孕枇杷，冬举橙枳，
松柏椅相樟，泰之属文梁，
绿竹箖篸，还味芰俎，
至才中宫室，必遗薪获矣，
彰不小，其手陆则有亲麻，
如云都兮……丝……嘉蔬舍源，

乃风俗之隆污在乎政夫，
之所福多，又弗司以宁，
美夫夫呈难求左江左誉，
设至沿之风矣且多中，
风行而字区曰中乎老正，
上乎六敦谐郡傅为磐子，
季子为守言游为之以，
义为化礼乐为政填以不，
贪之宝家以之之泾石西，
可文不用俗可使盖盛方，
将屋家朴牧于上古考徕祥，
于兹微乞英则英美又可，
逞以为它年于尧难有者，
惟之逮此而失矣，
五年廿馀作此援笔之飫深以目，
学至于兹之功……令四十有九矣。

悦生乃大德六年二月廿三日……记

赵文敏身行大有而文一首俯候圣
教中出其云逸少尾末之……年
一时采苙膊化样，称利名举肥后
日正辨遂致吴代文敝肾偁拗，
减过日此卷神旧有先乃乃见文软，
奂门……而天之惟可八妙主，
彰不小其手陆则有亲麻，
莫手滌手依氏藏。

兔，水弋凫雁，舟楫之利，率十过半。衣食滋殖，容容衍衍，既乐且庶，匪教伊慢。于是有搢绅先生，明先圣之道以道之，建学校，立庠序，服逢掖，戴章甫，济济多士，日跻于古。乃择元日，用量币，尊玄酒，陈簠簋，选能者，秉周礼，赞者在前，献者在后，雍容俯仰，周旋节奏，成礼而退，神人和右。当是之时，家有诗书之声，户习廉耻之道，辟雍取法，列郡观效，诚不朽之盛事已！或者难曰："自古论著之士，曷尝不识人物、纪风

《吴兴赋》全文

俗哉？夫人才者济时之具，而风俗者为治之质也。今子徒掫撧细碎，排比货食，高谈不切，炫耀自饰，莫大于斯二者，顾乃略而弗录，虽文夺组绣，声谐金石，窃为子不取也。”仆应之曰："否。子独不闻夫子之言乎？'十室之邑，必有忠信'，今年且千载，地且千里，人物之富，胡可殚纪！史册毕书，可无赘矣。若乃风俗之隆污，在为政者之所移易，又弗可得而定著也。夫吴虽分在江左，尝被至德之风矣。且吾闻之，风行而草偃，日中而表正，上行下效，置邮传命，辟若季子为守，言游为令，以仁义为化，礼乐为政，镇以不贪之宝，喻以不言之信，即刑可使不用，俗可使益盛，方将还敦朴于上古，考休祥于庶征。今美则美矣，又可遂以为定乎！"于是难者唯唯，逡巡而失意。

赵孟頫

宋遗逸命途多舛

赵孟頫（1254—1322 年），博学多才，能诗善文，懂经济，工书法，精绘艺，擅金石，通律吕，解鉴赏。特别是书法和绘画成就最高，开创元代新画风，被称为"元四家之首""元人冠冕"。赵孟頫亦善篆、隶、真、行、草书，尤以楷、行书著称于世，创"赵体"书，与欧阳询、颜真卿、柳公权并称"楷书四大家"。赵孟頫是宋太祖赵匡胤之子秦王赵德芳之十一世孙；他的父亲赵与告官至户部侍郎兼知临安府浙西安抚使，善诗文，富收藏，给了赵孟頫很好的文化熏陶。但他的青少年时期是在坎坷忧患中度过的。他虽为贵胄，却生不逢时，南宋王朝其时已如大厦将倾，朝不保夕。赵孟頫11岁时父亲便去世了，家境每况愈下，度日维艰。他在兄弟中排行第七，又系偏房丘氏所出，在封建大家庭中地位较低。父亲去世时，母亲流泪告诫他："汝幼孤，不能自强于学问，终无以凯成人，吾世则亦已矣。"

14岁时，赵孟頫以父荫补任真州（今属江苏镇江）司户参军，没多久，南宋灭亡。赵孟頫23岁时，元人攻进南宋都城临安，恭帝投降。赵孟頫闲居在家，他的母亲丘夫人再次告诫他："圣朝必收江南贤能之士而用之，汝非多读书，何以异于常人。"赵孟頫遂自力于学，深入研究学问，以谋"异于常人"。应该就是在这一时期，赋闲在家的赵孟頫写就了《吴兴赋》初稿。在母亲的激励下，赵孟頫经过10年的发奋努力，学问大进，成为"吴兴八俊"之一，闻名遐迩，达于朝廷。

据《元史》卷173《叶李传》记，为了巩固元朝的统治，忽必烈在1280年命御史大夫相成"行台江南，且求遗逸"，1286年，他又命御史程文海再次到江南"搜访遗逸"，这是他统一中原以后试图缓和民族矛盾，团结和笼络汉族士大夫阶层、推行稳定民心的一项举措，也反映出元朝统治者对文化所采取的态度。赵孟頫早年向当地名儒敖继学习经史，向钱选（元代画家，擅长画人物、山水、花鸟）学习画法，书法则学习宋高宗赵构。被称为"东南文章大家"的元初文学家戴表元在《松雪斋文集序》中对赵孟頫有这样的评述：

幼聪敏，读书过目成诵，为文操笔立就。

未弱冠时，出语已惊里中儒先，稍长大，而四方万里重购以求其文。

　　自两宋以来，吴兴一带的经济文化颇为发达，这一时期聚集了一批画家文人，"放乎山水之间而乐乎名教之中"，又以赵孟頫为首，号称吴兴八俊，"身闻益涌，达于朝廷"。面对南宋王朝的灭亡，赵孟頫的内心是十分悲伤的，有诗云："莫向西湖歌此曲，水光山色不胜悲。"虽然元朝当权者两次派人"访贤"希望赵孟頫能入朝为官，但他推辞不就。元朝皇帝派程文海第一次去江南求赵氏贤良后人时，面对元朝成为既成的事实，处于改朝换代的士大夫阶层，其归属不外乎出仕或隐退两途。据《宋史翼·赵若恢传》所记载，他躲避到新昌山，与其族叔赵若恢邻居。转入天台宗皈依杨氏。虽然赵孟頫被人绑架强行带到了程文海那里，然而他称病不肯做官。

　　程文海第二次奉诏搜访遗逸，行前还特别向元世祖推荐赵孟頫。赵孟頫归根结底是封建时代一位典型知识分子，求取功名、光宗耀祖思想十分明确。而在宋室倾覆、家道中落之时，这种思想表现得尤为强烈。文天祥被杀之年，他力辞出仕元廷之翰林国史院编修官。然而处于壮年的赵孟頫，与年龄较大的钱选、龚开、郑思肖等情况不同，他有自己的政治抱负，不甘心老死于林泉之下，但作为亡宋贵胄去做元朝的官，在当时反元情绪高涨的宋室遗逸看来，这简直就是"失大节"，既有辱门庭又失个人操守。此时的赵孟頫犹如站在刀尖上，面临两难的抉择。或正因他深知大局已定，于是主张"少而学之于家，盖欲出而用之于国，是圣贤之泽沛然于天下"；"先民莫不逸，我独怀苦心"，愿意面对现实，为国家和人民做一些事情，以自己的学识和行动去影响元朝统治者的政策。

　　于是在1286年，赵孟頫奉征召入仕，"居首选"，从此开始了仕元的纠结生涯。

忽必烈

避是非休病乞归

1295 年忽必烈死后，元成宗铁穆尔继位，赵孟頫感到世事多变，汉族官员饱受非议、排挤之苦，遂以病辞官携妻归乡。在故里幽居时，他与书画收藏家、诗人周密时时把玩观赏自己累年收藏的唐宋名画。

1297 年，元成宗任命他为太原路汾州知州，他不就，却终究拗不过元廷对他的一再任命："乃统诸路府州学校祭祀教养钱两之事及考校呈进著述文字"的美差，他向朝廷推荐了 20 多位善于书法的人才，但是同赵孟頫前来的 20 多名"朝士"并没有得到及时的安排，加上元大都的贫富悬殊、隆冬气候的干燥寒冷、自己薪俸的微薄、周围同朝大臣的奚落嘲弄，赵孟頫逐渐清醒过来。朋友高仁卿来京探望，感慨之余，他写就《送高仁卿还湖州》一诗，真实地描写了他担任兵部郎中之前的生活状况：

江南冬暖花乱发，朔方苦寒气又偏……宦游远客非所习，狐裘不具绨袍穿。京师宜富不宜薄，青衫骏马争腾骞……太仓粟陈未易籴，中都奉薄难裹缠。而来方士颇相用，读书不若烧丹铅。故人闻之应见笑，如此不归殊可怜。何当乞身归故里，图书堆里消残年。

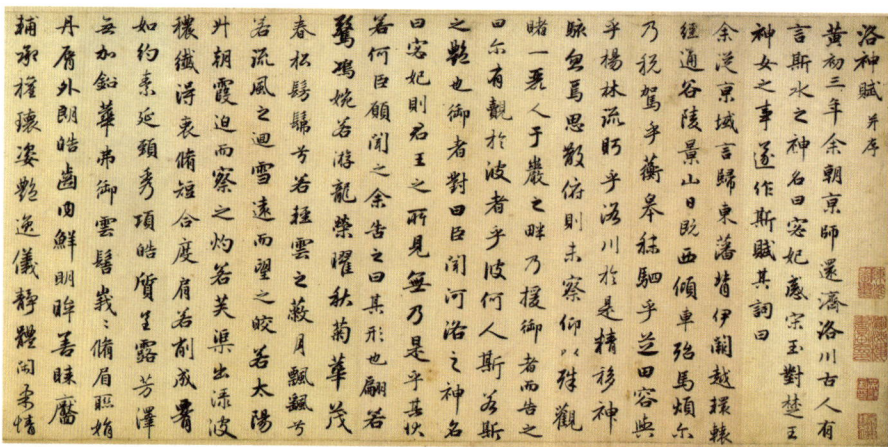

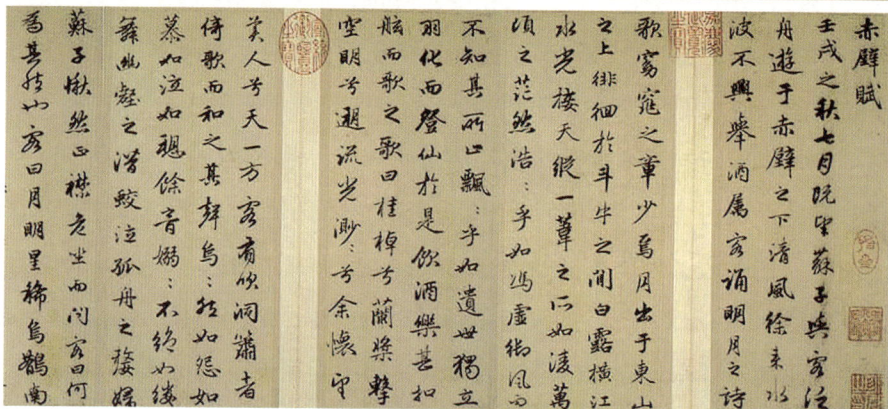

赵孟頫书的《洛神赋》《赤壁赋》局部

　　仕元已经是身不由己了，只能靠寄情书画来倾诉隐逸的情怀，于是 5 年间他广交当地文人学士，遍游江浙山水，这无疑为其书画、诗文技艺的发展增添了许多优越条件。

　　1299 年 8 月，赵孟頫被任命为集贤直学士，行江浙等处儒学提举，于鲜于枢、仇远、戴表元、邓文远等四方才子雅聚西子湖畔。官位虽升迁却无须离开，谈艺论道，翰墨逸情，心摹手追，赵孟頫创作进入旺盛时期。

1300 年，赵孟頫书写的《洛神赋》用笔圆转流美，充分展示了其书法风格；
1301 年，赵孟頫书写的苏轼《前后赤壁赋》用笔圆润遒劲、风骨内含、神
采飘逸，尽得魏晋风流遗韵；1302 年，历经宦海沉浮的赵孟頫或为聊解恋
乡情结，重新书写了青年时所作的《吴兴赋》，从而给后人留下了又一篇
美奂绝伦的书法经典之作。至大三年（1310 年），受皇太子爱育黎拔力八
达赏识，后官居一品，名满天下。

　　1319 年，赵孟頫借夫人管道升病重之由，向元仁宗告假还乡，他夫人
也发出"人生贵极是王侯，浮利浮名不自由，争得似，一扁舟，弄风吟月
归去休"的感叹。可惜在得之不易的自由途中，管夫人魂断舟中。1322 年，
赵孟頫卒，追赠魏国公，谥文敏，故称"赵文敏"。

要留清逸满乾坤

　　赵孟頫以书画擅名，山水、人物、花鸟、鞍马俱佳，是元代书坛的领
袖人物，元明清三代书法历程中里程碑式的人物。

　　赵孟頫认为"书法不传今已久，楮君毛颖向谁陈"，所以他义无反顾
地提出师法晋唐托古改制，高举"复古"大旗，"初临思陵，后取钟繇及
羲献，末复留意李北海"；力倡回归传统，并身体力行，借古开今，篆、隶、真、
行、草兼备，是元代最显赫的画家之一，也是最卓著的书法家之一，尤其

在行楷方面取得突出成就，他所创造的圆转遒美书风，带有行书笔意的楷书被后学者尊为古代四大书体之一的"赵体"，几乎统治了之后 500 年书坛，对明清乃至于中国书画史都具有广泛影响和重要作用。

赵孟頫敏锐地意识到，如果尚意的表现没有技巧法度作为强有力的支撑，就会堕入"朝学执笔，暮已自夸其能"的浮躁和浅薄，所以他特别强调技法的精熟，倾注毕生精力临习古代书法。明人陶宗仪《辍耕录》中云："公之书所以妙者，无帖不习也。"

仕元一事令他耿耿于怀，朝廷的冷遇反而成全了他，在"虽仕犹隐"之宦途中，他得以见过不少前代名家碑帖，曾经背临 13 家书法，再重新

赵孟頫画《鹊华秋色图》

查看时，这种一味追求纯熟的境界，不难看出他的苦心孤诣。《元史》本传称赵氏"篆、籀、分、隶、行、草书，无不冠绝古今"。

赵孟頫早岁学"妙悟八法、留神古雅"的宋高宗赵构，中年学"钟繇及羲献诸家"，晚年师法李北海，还临过元魏的定鼎碑，学过石鼓文、诅楚文，其书法集晋、唐之大成，秀美潇洒，具有形聚而神逸的审美境界，风行日本、朝鲜，被后世列为楷书四大家之一。如果说赵孟頫多次书写的《归去来兮辞》写的是他在官场中的种种不如意和归隐之情，那么《吴兴赋》手卷展现的是优雅的文人风范和理性的技巧规范之间的结合，是作者书法风格成熟之后的代表作，将他心中的林泉生活倾注笔端。

重书文章现笔端

作为赵孟頫中年时期的代表佳作,《吴兴赋》绢本,纵 25.8 厘米,横 282.95 厘米,共 102 行,968 字,卷后有明末著名书法家刘重庆、清翰林院编修李佐贤等人的跋、印。从书体看,全篇作品字体端庄秀丽,章法均匀整齐,用笔有变化,但无大起大落之笔,表现出温润娴雅、秀妍飘逸的风格面貌,书风飘逸,字里行间弥漫着浓郁的唯美气息。卷末作者自署:

吾年廿余作此赋,今四十有九矣。学无日益之功,援笔之余,深以自惭而已。大德六年二月廿三日子昂记。

下钤朱文方印"赵氏子昂"。此番感慨除了自谦之外,还有更深的内涵、心境蕴含其中。

作为宋室后裔入仕元朝,尽管受到当局重视,但寄人篱下的现实使赵孟頫始终摆脱不了身为贰臣的愧疚,内心深处充满了难以言状的彷徨与苦闷。

《罪出》一诗就表现了其深刻悔意:

在山为远志,出山为小草。古语已云然,见事苦不早。

平生独往原，丘壑寄怀抱。图书时自娱，野性期自保。

于是，他多次画陶渊明像，书《归去来兮辞》以抒心志，书《吴兴赋》《闲居赋》寄其相思，同时皈依佛门、笃信佛教，通过娴雅超然之态来获得精神解脱。正是这种超然之态，使《吴兴赋》的书法水平发挥到了极致，赵体风貌一览无余。但倘若赵孟頫人品低贱、媚俗，生性刚烈的忽必烈又怎会器重？所谓"书如其人"要看其才、其识、其学。如果一个人的书法能如优美旋律一样和谐，因书写节奏而产生美感，又有极强的亲和力，那么，我们还需要纠结他是否"出仕""入世"吗？

吴兴是现在的浙江湖州，景色优美、书传有道、湖笔生花、文化源远流长，历代许多书法大家都留有吟咏吴兴的诗书名篇，如王献之的《吴兴帖》等。但我们细看《吴兴赋》会发现，前面部分楷、行相间，端庄凝秀；后半部分则掺有草书，行书、草书相济，灵动飘逸，给人一种意绪飞扬而渐入胜景之感。文起之初，笔法正楷端庄秀丽，在横竖之间融入行书态势，不急不慢，缓缓而出，"束为碕湾"表现河流狭窄流行曲折的样子，"汇为湖陂，泓渟皎澈"表达水深而清澈，"百尺无泥，贯乎城中，缭于诸毗"描绘河流绕众小山而流，"东注具区，淼淼漭漭，以天为堤"表现太湖和平原区的水阔天远，"观夫山川映发，照朗日月，清气焉钟，冲和攸集"饱含了对家乡的倾心之情，轻灵之气在此聚合，和谐平缓的水流倏然而至；如大江大河之源头出现，是现在人们传移模写的典范之作；也在"淼淼漭漭""诚未知所以受之"中注入行草的笔法；至"蒹葭菰卢，鸿头荷华"处，即开始有了行书、草书相间的苗头，但在撇捺之间不失楷书的端庄和行书的灵动之感，相得益彰；待书写到"其北则黄龙瑶阜之洞，玲珑长寿之坞"时，草书的飘逸跃然纸上，给人一种"诗不能尽，溢而文书"的感觉，让我们从字里行间感受一种艺术思维的内在动力和笔墨的生命所在；其后的文章更是飞笔走势，疾如风雨将至，矫若龙蛇走转，却停匀舒展，刻意去掉了硬笔的锋芒，转为收敛的笔法，盛赞故乡山水之美和物产之丰后，落笔到了文教之胜："衣食滋殖，容容衍衍……诚不朽之盛事已！"不仅让我们体会了湖州的湖风、书香、笔蕴，还反映出赵孟頫作为文人画始作俑者的"士气"，也诚如明代高濂在《燕闲清赏笺》中所说："今之论画，必曰士气。所谓士气者，乃士林中能做隶家画品，全在用神气生动为法，不求物趣，以得天趣为高，观其曰写而不曰描者，欲脱画工院气故尔。"通篇结字停匀舒展，有意泯灭了夸张造势的锋芒，显示了作者为廓清宋人书风影响而做的努力。用笔则婀娜中含刚劲，起笔收锋，转折顿挫，皆具筋骨。运笔虽无大起大落，却又具灵动的变化，正所谓"百炼钢化为绕指柔"（卷后李佐贤题跋中语），精凝、圆熟，把观者带入一个洗练、细腻、丝丝入扣的微妙境界。刘重庆卷后跋云："赵文敏真行美秀而文，一自《修禊》《圣教》中出，其去逸少毫末之间。"

此书正行相间，时参草书，后段草书较多，有渐入胜境之意趣。点画雅致，体势舒展，章法整饬，神气一贯。此鸿篇巨制，是赵氏中年时代表作之一。在笔者看来，《吴兴赋》手卷堪比台北"故宫博物院"所藏之《闲居赋》卷。当时甚至有印度僧人，不远万里慕名而来求书，得后归国当宝贝收藏。《吴兴赋》手卷原藏北京故宫博物院，1955 年经沙孟海先生之联系相商，于 1961 年由当时的中央文化部社会科学管理局交浙江省文物管理委员会收藏，后归浙江省博物馆收藏至今。

赵孟頫早年书学赵构，赵构也是拟王高手，其《翰墨志》云："至若《楔

《吴兴赋》局部

秀授實沼流手雜而勢作
是故應代慎牧必掄大
才選有識前有五海圍實
後有何柳郎蘇風流手暎
言俾民驛娛況乎土地之
治行同符皆所以宣上德
所生風筆之必宜人無外
氣用之有餘其東則塗漲
稻所使玉粒長齊照筥及
膏腴畎畮種之田宿麥秋收杭
菹轉楡旁郡常無凶年
其南則伏庤之山金盖之麓
浮屠標其顛蘭若栖其鼓
鍾相間飛覺華屋衡水絶

叙媒不朽之怠多已武志難
曰自昔論著之士皆嘗石後
人物紀風俗裁夫人才者濟
可之典而風俗者為治之貴
乃乃子徒摭摭細碎挑此俟
大於斯二者乃明知不
至高談不切焜燿自飾莫
郭雅父橐組繡辭以為石
子獨不聞夫子之言乎十室
窺而不在如儻應之曰否
之乏必有忠信之季且子我
地且千里人物之富朝可彈
紀史冊筆書曰無贅矣若
乃風俗之隆汙在為政夫

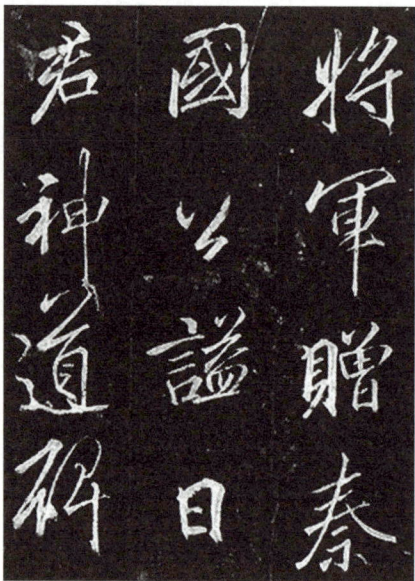

赵构书法

帖》则测之益深，拟之益严，姿态横生，莫造其原。详观点画，以至成诵，不少去怀也。"赵孟頫自从得《淳化阁帖》及屡观二王等墨迹，他注重传统，并非不求创新发展，这使他更能领悟书法真谛，也使他能超越宋人，比肩唐贤而直逼魏晋。也有人以为赵孟頫晚年才开始学羲之，果真是这样吗？ 1297年，时年 44 岁的赵孟頫写《行书归去来兮辞》(现藏上海博物馆)，

赵孟頫画《人马图》局部

现藏于美国纽约大都会博物馆。

已经运笔沉稳畅朗，骨肉停匀，结体紧敛虚和；1301 年，时年 48 岁的赵孟頫，且看此期所书《吴兴赋》便可知之。若依前说，此时适值赵氏初涉王书之时，观此手卷，对王书确已心手相应，如果不是积多年的功力又怎能做到。

赵孟頫无论在官场上，还是在待人接物中，并未失去一个旧时知识分子基本的品格，相反，他对诗文、对书画始终刻苦追求古朴、典雅之高格调，这便不是凡夫俗子可与之同日而语的。自成一格的赵体小楷凝重古朴，又有清爽健劲之气。他的楷书中常带行意，无疑取自于智永、褚遂良等六朝隋唐之人。潘伯鹰的《中国书法简论》中也认为"看清楚了赵孟頫，方能领会元朝这一时代的书法，如若对他缺少真知灼见，不但不能了解书法的传统如何归结到他的趋势，也不能了解他以后书法传统的流变"。赵孟頫反对模拟纵意恣趣的宋人近轨，竭力提倡晋人韵致和唐人法度，他深察古法、精熟而得的创作态度和以复古为革新手段的艺术主张，不仅奠定了元代书法平和雅正的古典主义审美情调，而且进一步巩固了王羲之帖学宗祖的地位，对明清两代书法艺术的发展走向产生了深远的影响。

当我们从艺术史的角度仔细观察赵孟頫书法，多人认为他在 30 岁左右追法王羲之、王献之。如果这样，那么他在重书《吴兴赋》之时，应已研习二王书法将近 20 载，所以他的行笔，便有出入右军而从心所欲之妙。但"仕元"成为沉重的精神负担，挥之不去，压在赵孟頫心头，是沉甸甸的郁垒，他的《自警》写道："齿豁童头六十三，一生事事总堪惭。唯余笔砚情犹在，留与人间作笑谈。"当知他始终步履处处留心。从他的《吴兴赋》中可以看出，他显然是想借书画竭力摆脱官场的桎梏，追求人格怀乡、精神还乡、自由解放的诗意情怀。赵孟頫提出"结字因时相传，用笔千古不易"这一回归传统，振兴书法的口号，而他本身更是一位身体力行者。"流美"者可鄙之以"媚俗"，"奇绝"者可视之为"奸邪"，这本是因人废书之传统恶习。

正是因为赵孟頫十分注重法度，力求传统基础上之创意，故而能在二王之篱墙下，创出赵体书风。今天我们若以冷静客观之态度重新审视赵孟頫，再读《吴兴赋》，或许会另有感受。

14 山水合璧，百年传奇
——元黄公望《富春山居图》(剩山图)

名　　称：黄公望 《富春山居图》(剩山图)

文物级别：一级

类　　别：绘画

材　　质：纸本

年　　代：元 (1271—1368年)

规　　格：纵31.8厘米，横51.4厘米。

推荐理由：该画作是"元四家之首"黄公望的水墨山水巨作，是其晚年的扛鼎之作，中国
　　　　　文人山水画的典范，有着极为传奇的传世经历。

　　《富春山居图》左上角有"吴之矩"骑缝白文半印，右下方有"其贞"朱文小印。画面前段引首有韩对行书题"富春一角"，王同愈画黄公望像，并题跋；另有沈尹默楷书题"元黄子久富春山居图卷真迹烬余残本"并题跋。前隔水有吴湖帆题"山川浑厚草木华滋画苑墨皇大痴第一神品富春山图"，后隔水有潘静淑题"吾家梅景书屋所藏第一名迹"，另有王廷宾题写的长跋。又有吴湖帆录自原藏于北京故宫博物院藏本上明朝时沈周、文彭、王穉登、周天球、董其昌、邹之麟等题跋。卷后有近人王同愈、叶公绰、吴诗初、夏敬、吴徵、冯超然、张珩、马衡、张大千、汪东等人的题跋。

2010 年 3 月 14 日上午的两会新闻记者会上，温家宝总理在回答台湾记者提问时讲了一个故事："元朝有一位画家叫黄公望，他画了一幅著名的《富春山居图》，79 岁完成，完成之后不久就去世了。几百年来，这幅画辗转流失，但现在我知道，一半放在杭州博物馆（浙江省博物馆在杭州市），一半放在台北'故宫博物院'，我希望两幅画什么时候能合成一幅画。画是如此，人何以堪。"温总理的话，充满了对两岸"血浓于水"同胞情谊的深情寄托。

正是在这样代表了两岸人民心声的期许下，两岸众多学者的奔走下，藏于浙江省博物馆的元代黄公望《富春山居图》（剩山图）于 2011 年 6 月 1 日正式在台北"故宫博物院"展出，与台北"故宫博物院"的《富春山居图》（无用师卷）实现了历史性的合璧。

这幅被称为"中国十大传世名画"之一的《富春山居图》凭借它精绝的绘画艺术、多舛的流传经历成为画史上的一段传奇，长久以来被人津津乐道，更是当仁不让的浙江省博物馆"馆藏镇馆之宝"之首。

画中"兰亭"

1347 年初秋，已经 79 岁高龄的黄公望与好友无用禅师来到富春江畔的富春山居。之后他徜徉于富春山的青山绿水之间，闲暇的时候，在山居

《富春山居图》（剩山图）局部

黄公望

黄公望（1269—1354年），本姓陆，名坚，字子久，号一峰、大痴道人等，江苏常熟人。博学多才，善画山水。

寄乐于画，留下了千古名作《富春山居图》。7年之后，黄公望逝于杭州，享年86岁。归葬于故乡常熟的虞山西麓，他的墓至今尚存。

《富春山居图》全卷描绘了富春江初秋的景色以及两岸的山川风物，采用传统的"三远"并用的构图法，峰峦起伏，变化无穷，林木葱郁，疏密有致。《富春山居图》现在分为两段，分别收藏于浙江省博物馆以及台北"故宫博物院"。浙江省博物馆所藏的《富春山居图》（剩山图）上至今仍可以清楚地看到当年被火焚为两段时留下的痕迹。

《富春山居图》后段，纵33厘米，横636.9厘米。右上角有"吴之矩"白文半印，与浙江省博物馆藏的前段正好衔接，图中笔墨一脉相通。只是这段画在重新装裱时，为了掩盖被火烧过的痕迹，把董其昌的跋文从卷尾移到了卷首。后段上有黄公望亲

笔题识，记下了绘制这幅画的缘起。他在图中题道：

至正七年，仆归富春山居，无用师偕往，暇日于南楼援笔写成此卷，兴之所至，不觉亹亹，布置如许，逐旋填札，阅三四载，未得完备，盖因留在山中，而云游在外故尔。今特取回行李中，早晚得暇，当为着笔。无用过虑，有巧取豪夺者，俾先识卷末，庶使知其成就之难也。

每每展卷观览，人随景移，引人入胜。画中近景处的坡岸水色，峰峦冈阜，远山隐约，徐徐展开，让人觉得江水茫茫，天水一色，令人心旷神怡。接着是数十个山峦连绵起伏，群峰竞秀，最后则高峰突起，远岫渺茫。山间点缀村舍、茅亭，水中则有渔舟垂钓，层次分明，别具一格。

画作在笔墨上更多地取法董源、巨然，山石的勾、皴，用笔顿挫转折，随意而宛若天成。顺着平缓的山势，以弧形笔触和清润的墨色，描绘峰峦的侧面，呈现出山体浑厚松秀的质地，山顶上堆叠起的坚硬岩石，为峰峦增加了雄奇之势。树木沿着山脊高低起伏，以浓淡墨色点叶点苔，呈现出草木滋润的景象。整个画面充满了隐者萧散淡泊的诗意，散发出浓郁的江南文人气息。元画的抒情性全见于此卷。

这是一幅浓缩了画家毕生追求、足以标程百代的作品，明代书画家董其昌看见这幅作品时惊呼："吾师乎！吾师乎！一丘五岳，都具是矣！"同为明代画家的邹之麟观后发出感慨："子久画，书中之右军也，圣矣！至若富春山图，笔端变化鼓舞，又右军之兰亭也，圣而神矣！"

命运多舛

《富春山居图》在 600 多年的流传过程中饱经沧桑。

画卷上的题跋讲到该画卷是黄公望为好友无用禅师而作，而无用禅师曾经因为担心有人会"巧取豪夺"，于是要求黄公望在图卷还没有完成的时候就在图卷上题跋，写明这幅画作将赠予无用禅师。如今看来，这样的担心是很有眼光和必要的，而这样的担心似乎也预示着这幅旷世佳作的多舛命运。

该图卷在明代成化年间一度由吴门画派的领袖沈周收藏。他对这幅图卷倍加推崇，就如他在《临黄公望富春山居图》上所题：

> 大痴翁此段山水，殆天造地设，平生不多见。作辍，凡三年始成，笔迹墨华当与巨然乱真，其自识亦甚。

沈周对《富春山居图》卷喜爱有加。但是，有一次他请人在该图卷上题跋的时候，被这人的儿子偷偷地将画藏了起来，几番讨要无果，痛失至宝。过后，沈周在市场上发现这人的儿子竟然将画拿出来公然叫卖，无奈当时家庭经济状况不佳，实在无力购回，让他觉得格外痛惜、惆怅。为了

沈 周

沈周（1427—1509年），字启南，号石田，晚年时号白石翁，人称白石先生，苏州人。吴门画派的领袖。沈周中年时以黄公望的山水画为宗。

崇祯七年董其昌自画像

董其昌（1555—1636年），字玄宰，号思白、香光居士，华亭（今上海市松江）人。万历十六年（1588）进士，官至吏部尚书。明末著名书画家。

了却对《富春山居图》的思念，沈周根据自己的记忆背临了一幅《临富春山居图》，这幅图卷纵36.8厘米，横855厘米，是沈周中年以后的代表作之一，现藏于北京故宫博物院。这幅图卷深得黄公望山水的精髓，挥洒自如，布局合理，除了在局部结构与笔墨处理上有不尽相同的地方外，与黄公望原作的《富春山居图》大致相仿。如沈周这般的"失而复得"实是画史上的一段佳话。

明弘治元年（1488年），《富春山居图》到了苏州节推范舜举的手里。明隆庆四年（1570年），图卷由无锡谈志伊收藏。万历二十四年（1596年），董其昌在朋友的协助下，得到了该图卷，如获至宝，叹道：

唯此卷规摹董巨，天真烂漫，复极精能，展之得三丈许，应接不暇，是子久生平最得意笔。

董其昌晚年时，以千金将此卷转让给宜兴的收藏家吴之矩。之后，该图卷由吴之矩之子吴洪裕收藏。吴洪裕对《富春山居图》喜爱至极，与它相伴数十载，可以说是形影不离，吃饭和睡觉的时候都不让画离身，累的时候看看画就觉得浑身舒坦，心情郁闷的时候看看画就顿时觉得心情愉快起来了。正是这般的喜爱之情，险些将这旷世之作毁于一旦。

清顺治七年（1650 年），吴洪裕在临终之际念念不忘他的这份至宝，竟然叫人把《富春山居图》拿来投到火盆里为他殉葬，幸亏他的侄子吴子文眼疾手快，把另外一册图卷投到火里，将《富春山居图》调包替换了出来，只可惜画的前段已经有几尺被焚毁了。

吴子文救出的《富春山居图》在被焚后分成了两段，在当时极具鉴赏能力的古董商人吴其贞的安排下，请人将前段烧焦的一部分揭下。揭下的部分中，将保存较完好的部分另行装裱，归了吴其贞，取名为"剩山图"。后段较长，现保存长度为 636.9 厘米，卷中有黄公望亲自题跋称是为好友无用禅师而作，所以常被世人习惯上称为"无用师本"。

前段《剩山图》后来归王廷宾所有，并被王廷宾辑入《三朝宝绘册》中。大约在 1938 年间，《剩山图》被江阴陈式全的后人出售给了上海汲古阁装池铺的曹友卿。曹友卿将新得到的这幅破旧古画拿到"掌眼人"吴湖帆这里来做鉴定。吴湖帆一见，眼睛发亮，当即请求曹友卿转让。精通生意经的曹友卿见吴湖帆如此看重此画，坚决不卖。吴湖帆几次登门求画，曹友卿漫天要价。最终，吴湖帆以家中祖传的商周青铜器从曹友卿那里换取了《剩山图》。收获《剩山图》让吴湖帆心花怒放，旋即将该画单装成卷。潘静淑还用正楷在《剩山图》上题写"吾家梅景书屋所藏第一名迹"，视为镇室之宝。吴湖帆特意请当时上海最有名的印家陈巨来刻了一方朱文长方鉴藏印"大痴富春山图一角人家"，并题：

　　山川浑厚草木华滋。画苑墨皇，大痴第一神品富春山图。己卯元月书
句曲题辞于上。吴湖帆秘藏。

　　对于这段经历，吴湖帆曾在日记中写道：

　　一九三八年廿六日，曹友卿携来黄大痴《富春山居图》卷首节残本，
真迹，约长二尺，高一尺半寸，一节中有经火痕迹三处，後半上角有吴之
矩白文印半方，与故宫所藏卷影本（余前年见过真迹）校之，吴之矩印无

明·沈周《湖山佳趣图卷》局部

纵31.7厘米，横813厘米。
该卷绘杭州西湖景色。画中山峦、林木、远山、浅滩、板桥、水榭显现
着强烈的韵律感和浓郁的生活气息。卷尾有作者题记，记录作画缘由。

丝毫差失，后半火烧痕亦连接，且故宫藏本前半每距六七寸亦有烧痕与此
同，逐步痕迹缩小，约有二三尺光景，可知此卷前半之经火无痕。某记载
云：黄大痴《富春山图》当在溪南吴氏，当其主人故后，以此殉之，付之
烧毁。然则手卷一时火化蓁难，外廓全部烧去矣，幸所毁者皆裱绫前半及
引首，至画处所毁无几，幸赖保存。一旦得此，为之大快。虽只盈尺残本，
然是天壤剧迹，弥足珍宝，记此志幸。

明·沈周《湖山佳趣图卷》局部

　　这之后，吴湖帆以考据手中的《富春山居图》（剩山图）作为消遣，利用摄影技术将故宫所藏"无用师本"《富春山居图》的第一节与《剩山图》拼接，证明了《剩山图》是北京故宫博物院藏"无用师本"《富春山居图》的前段，并将对比的情况和结果附在了《剩山图》的后面。

　　新中国成立后，著名书法家沙孟海先生得知《剩山图》在吴湖帆手上后，内心颇为不安。怕一旦再遭遇天灾人祸，以个人的能力极难将这国宝保存下来，只有国家收藏才是万全之策。于是，他多次来往沪杭之间与吴湖帆商洽，又请出钱镜塘、谢稚柳等名家从中周旋。1956 年，《剩山图》落户浙江，其后成为浙江省博物馆"镇馆之宝"之一。

　　对于这段将《富春山居图》（剩山图）征集入馆的经历，谢稚柳先生曾经在 1987 年为浙江省博物馆馆藏书画做鉴定之暇，绘声绘色地描述过。

　　据谢老回忆，1956 年浙江省文管会派沙孟海先生前往上海与吴湖帆会面，商量将其收藏的《富春山居图》（剩山图）转让给浙江省博物馆，理由是《富春山居图》与浙江有关，由浙江省博物馆收藏更有意义。沙孟海到了上海以后，就去找钱镜塘，请钱镜塘出面去吴湖帆那里做说客。吴湖帆见到钱镜塘说，出让可以，但必须搭上另一件王蒙的《松窗读易图》。沙孟海先生一向做事认真，认为此事不妥。于是就找到谢稚柳先生，将此行的意图和吴湖帆的意见向谢老说明了，请谢老作为中间人出面和吴湖帆商量。碍于谢老的面子，吴湖帆一口答应不再搭售王蒙的画卷。谁知当钱镜塘出面去办理此事的时候，吴湖帆又反悔了，一定要两件一起出售。就在沙老与吴湖帆周旋的过程中，吴湖帆又将这两幅画带去北京，也是要两件一起搭售，只是对方不要，压了很长一段时间。这之后，沙老再次去找谢老，谢老知道了吴湖帆这个态度，感到自己也不便再出面去说，就劝沙老，就当是 8500 元钱买了一幅画，拿了两幅画，也是值得的。于是沙孟海先生花了 8500 元钱，将《富春山居图》（剩山图）带回了浙江，到了 1962 年正式入藏浙江省博物馆。时至今日，我们还能在当初的原始编号上查到当年的收购记录，《富春山居图》56 购 42 号，5000 元；王蒙卷 56 购 41 号，3500 元。

前面讲到《富春山居图》在顺治年间火中被焚为两段，不久后段"无用师本"被张伯骏收藏。后历经季寓庸、高士奇、王鸿绪之手，到清雍正年间，被安岐藏得。到了清乾隆年间，安氏家道中落，被迫出售家里的各类收藏，"无用师本"也在出售之列。在大学士傅恒的引荐下，以两千金的价格把画卖入了皇宫内府。从此《富春山居图》（无用师本）就成了皇家的收藏品。谁承想，这幅画一入宫廷就引发了一场关于画作真伪的争论。

原来，在清乾隆九年（1744 年），早于"无用师本"入宫前两年，已经有一卷黄公望的《山居图》进入清宫，它的上面有黄公望题赠子明的字样，后世人称之为"子明本"，它其实是明代的一个摹本。高宗乾隆得到此画后，请人对这幅画做了鉴定，认为它就是黄公望著名的《富春山居图》。鉴定结果让乾隆十分满意，把它视为黄公望的真迹，奉若至宝。乾隆日日难掩对这幅画的喜爱之情，在画上一再题跋，而周围阿谀奉承的群臣更是不遗余力地对这幅画以及乾隆的眼光大加吹捧，甚至把它收入了《石渠宝笈初编》。到了乾隆十一年（1746 年），真正的《富春山居图》（也就是"无用师本"）入宫后，乾隆还抱着先入为主的观点，认为"无用师本"是赝品；而之前入宫的《山居图》（子明本）只是流传过程中遗脱了"富春"二字，是真品无疑。但是乾隆也承认"无用师本"古香清韵，还是决定花两千金把它买了下来，并把它划入了"石渠宝笈次等"。之后，乾隆甚至把他的这些评价和认识让梁诗正题写在"无用师本"上，今天我们还可以在"无用师本"的前段找到这些文字。

到了清嘉庆年间，胡敬在校阅石渠旧藏的时候，将"无用师本"编入了《石渠宝笈三编》，为"无用师本"正了名，了结了这一场争论。值得庆幸的是，"无用师本"除了增添卷首一处题跋之外，画面基本完好如初。而那件被弘历视为真迹的"子明本"则早已满纸题跋，壅塞不堪，以致难以辨识了。这样的祸福相依，今天看来，又何尝不是历史老人的睿智幽默呢？回首过往，"无用师本"这样的黄公望真迹在清宫也曾备受冷落，被乾隆指鹿为马，视为赝品，成了收藏史上的一段笑话。

山水画之圭臬

黄公望的《富春山居图》对后世影响极大，明清两代画家对它推崇备至，奉为山水画之圭臬。

　　最早随黄公望学画的是沈瑞。另外，倪瓒、王蒙都和黄公望关系至密，均以师法子久而名。而明清两代的山水画坛，几乎为大痴所垄断。知名画家和不知名画家大多都临习过子久的作品，沈周、文徵明、唐寅、董其昌、陈继儒等名家无一例外。清初"四王"等更是以黄公望为宗主，并被称为画坛"正宗"。金陵八家、新安四家及其传派等，也在很大程度上受益于黄公望的画风。

　　前面提到沈周曾经收藏过《富春山居图》卷，失去后凭借记忆，"以意貌之"，背临了一卷。这卷临本创作于成化丁未（1487 年）中秋，巧合的是在次年立夏，沈周在范舜举那里再次看到了《富春山居图》。对照黄公望的原迹，沈周所绘的临本，笔墨沉实稳厚，与黄公望灵动脱逸的风格有明显差异，不过全卷丘壑的位置，树石房屋及舟楫人物，与原画相对照，竟十分符合。可以想象在沈周收藏《富春山居图》时期，必定经常展卷研读，细心体会，对于原卷的构图细节牢记于心，才能在失去之后，仅仅凭借记忆，重现原卷的梗概。

　　明末清初，在董其昌的影响下，画家致力于学习古代大师的画法，集古法之大成，建立起系统的画学体系。黄公望的传世作品，不但被视为珍贵的收藏，画家还通过临摹，或效仿其笔意，赋予新的风格样貌。董其昌曾自述道：

　　吾少学子久山水，中复去而为宋人画，今间一仿子久，亦差近之。
　　元季四大家，以黄公望为冠。

　　从传世的画作以及文献记载来看，董其昌题跋时常提到师法黄公望的心得和益处，可以看出黄公望对于董其昌绘画的影响。

董其昌《仿梅道人山水图轴》

纵97厘米，横38厘米。
董其昌的山水集宋元诸家之
长，行以己意，笔墨潇洒生
动，气象晶莹润泽。

清初的画坛，受黄公望山水画影响的现象就更加明显了。这一时期，山水画娄东派始祖王时敏受到董其昌的启发，以仿古及综合古法为志，尤其以传承黄公望为宗，达到了精美而酷似的程度。虽然王时敏毕生所见的黄公望画迹有20余幅，甚至家藏都有三四幅，然而让他耿耿于怀的是始终未能见到董其昌口中盛赞的第一名品——《富春山居图》，这成为他莫大的遗憾。

与王时敏交游密切的王鉴，在史传中提到他善于摹古，深受董源、巨然的影响，也可以推知他受到黄公望的影响。王鉴传世作品中就有多幅仿黄公望的作品。

被王鉴发掘才华，并引荐给王时敏的常熟画家王翚，拓展两位前辈的绘画道路，致力于突破流派的藩篱，凭借广泛师法宋元古法，进而达到了"集大成"的绘画成就。从传世作品来看，王翚曾一而再，再而三地临摹黄公望的《富春山居图》，最后一次临摹时他已经71岁高龄。根据记载，王翚早年（约1662年）曾为收藏家唐宇昭临过一卷，当时"犹为古人法度所束，未得游行自在"。后来在1672年为笪重光临画（作品现藏美国弗利尔美术馆）时，"遂有弹丸脱手之势"。这之后，王时敏还曾让王翚再临一卷。虽然这些临本都不是直接依照《富春山居图》临摹的，但是恽寿平称赞他："运笔时，精神与古人相恰，略借粉本而洗发自己胸中灵气，……何止下真迹一等。"看来王翚对《富春山居图》中所蕴含的古法精髓以及黄公望的画法，理解颇深，颇有心得。

王时敏对黄公望的推崇与承袭，也影响了他的孙子王原祁。王原祁精研古人的画法"而于大痴浅绛，尤为独绝"。王鉴曾与王时敏谈论王原祁的成就，认为王原祁的成就在他们二人之上。王时敏也以王原祁能承袭由黄公望到董其昌的传统而骄傲，曾说道："元季四家，首推子久，惟董宗伯，得其形者，予不敢让，若形神俱得，吾孙其庶乎。"王原祁在晚年时曾自述，他向往元画的"实处转松，奇中有淡，而真趣乃出"，而黄公望"逸致横生，天机透露"，为董巨正宗，因此自幼即立志专师子久。

浙江省博物馆就藏有一幅王原祁所画的《仿富春山居图轴》。在画上，画家谦虚地表示自己想仿黄公望的《富春山居图》，但最终"未能梦见"，差距巨大，自愧不如。然而作品真如他所言那么不堪吗？

清·王原祁《仿富春山居图轴》

自题："余少于画道有癖嗜……今戊辰冬初同为武林之行，僦舍昭庆寺，湖光山色，映彻心目，偶思大痴富春长卷，遂作此图。然笔痴腕弱，未能梦见，今犹昔也，因书之以志愧。"

　　我们可以看到画作构图充实，笔法细密，描画了深秋的山景，山石层叠，林木茂盛，白云间峰峦秀润，松石间清溪环绕，笔墨松秀。山以披麻皴画，横墨点苔。这中间描画山体的线条多用披麻皴的做法，山上树木的表现多用横笔描绘的做法，山间碎石的堆叠造型等都与黄公望《富春山居图》的表现手法如出一辙，可以清晰地看到两者之间绘画理念及方法的延续和继承。王原祁扎实的绘画功力体现得淋漓尽致。很明显，王原祁太谦虚了，这样的谦虚正是因为他对黄公望的绘画理念及技法充满了崇敬之情，这份崇敬之情恰恰是他师法黄公望的最佳写照。

　　可以说元以后的山水画，皆有黄公望的影响，中国山水画史上没有任何一个画家的影响能超过黄公望。

　　但必须要说的是，所谓的师古也好，摹古也罢，不是"凡古必好"，要的是"借古开新"，用通俗的话说就是要"旧瓶装新酒"。从沈周到董其昌，再到"四王"，他们都师法黄公望，对《富春山居图》推崇备至，无论是著作，还是题画，都是口口声声说自己在师古、仿古。但是，他们的作品，形式也好，笔墨也好，审美也好，真的复制黄公望了吗？一言以蔽之，他们把黄公望当作一种经典，并在解读、资取、重构的基础上形成自己的绘画艺术，表现为明显的时代特色。而这一点，正与崇古为特征的清代朴学一样，在推崇、研究古代典籍的基础上形成了代表一个时代的学术，山水画史的演变与此密切相关，遥相呼应，只不过朴学研究的是古人书本，而画学研究的是前贤画本，但价值取向是一样的。

　　黄公望和《富春山居图》在中国山水画史上最真实、最深远的影响莫过于作为一种经典、一种养分而存在，滋养了后世才华横溢的画家们，让他们在承袭中创新，别开生面地丰富着中国山水画。

15 成就青瓷极致之美

——元龙泉窑青瓷舟形砚滴

名　　称：龙泉窑青瓷舟形砚滴

文物级别：一级

类　　别：瓷器

材　　质：瓷

年　　代：元（1271—1368年）

规　　格：通长16.2厘米，高9.1厘米，宽6.5厘米。

推荐理由：砚滴造型独一无二，做工考究，是龙泉窑粉青瓷的代表作，有着丰富的艺术和文化内涵。

　　元代龙泉窑是南北制瓷技术的集大成者，青瓷舟形砚滴集镂雕、贴塑、模印等工艺于一身，堪称精巧绝伦。砚滴，也称水注，是一种文房用品，用于为砚台磨墨添水。

　　龙泉窑是饮誉中外的青瓷名窑，以其中心产地在浙江龙泉而得名。它创烧于北宋，南宋至元代为鼎盛期，明代中后期走向衰落。南宋中期龙泉窑在胎釉的制备工艺上获得突破，以烧造出粉青、梅子青等美若碧玉的厚釉青瓷而彪炳千秋。这件舟形砚滴出土于龙泉，胎质细腻洁白，釉层肥厚，呈粉青色。造型上运用写实手法，将一件文房用品塑造成一叶漂荡在水面上的扁舟。

　　船舱内有二人端坐闲话，舱外则有一位着蓑衣的船夫，正攀爬篷顶，欲取下上面的斗笠。人物形象静中有动，动中寓静，给人以静谧的乡野气息。古代瓷质砚滴的造型大都比较简单，像此器这样造型奇特、内涵丰富而又做工考究、釉色美丽的砚滴是绝无仅有的。

卑微出身，显赫荣光

　　如今生活在钢筋混凝土丛林的大城市中的人们，越来越多地向往"青山绿水"的大自然。无论是山的青还是水的绿，对于今天的人还是古代的人来说，都是一种对美好生活、健康生活的追求。古代智慧的先民们以这种"山青"和"水绿"为目标，创造出了中国古代最早的成熟瓷器——青瓷。唐朝诗人曾以"夺得千峰翠色来"的诗句来赞扬青瓷。然而，这时的"千峰翠色"，在某种程度上还只是诗人笔下的赞美之词，只有从以龙泉青瓷为代表的宋代青瓷开始，人们才把"雨过天青云破处"这个数百年的理想变成了现实。

　　龙泉青瓷达到了青瓷质地与釉色之美的顶峰，它莹润的质地如冰似玉，以粉青和梅子青为代表的釉色苍翠欲滴、韵味无穷，显示出我国古代青瓷工艺的最高水平。龙泉青瓷是人工制造的"昆山片玉"，是山川精华与人类智慧的完美结晶。在浙江省博物馆 2009 年评选出的"馆藏十大镇馆之宝"中就有一件有着独特造型美、杰出工艺美的龙泉窑精品，它就是元代龙泉青瓷舟形砚滴。

　　舟形砚滴，整件器物被制作成一艘惟妙惟肖的船的造型。而作为砚滴，人们可以在船身中盛上水，并且可以很方便地将水倒入磨墨的砚台中为砚台加水，兼具艺术性和实用性。使用这样的文具，将会是一种格外别致的体验。

如此别致的龙泉窑青瓷珍品，实际上既非宫廷旧藏，也非出自高等级墓葬，而且也不是通过正规的考古发掘出土。从一开始，它似乎就想躲避我们的视线，远离聚光灯。

根据著名青瓷专家朱伯谦先生的回忆，这件龙泉青瓷舟形砚滴是在 20 世纪 60 年代初出土的，是当地的一位老百姓在翻土农作时捡到，而后主动地把它交给地方文物部门的。当时这位老乡说是在一个今天叫作"上严儿"的地方发现的。按照文物鉴藏家和考古界的通常说法，这件器物属于为人所不屑的窑底货和出土情况不明的采集品。至于这个叫作"上严儿"的地方，后来经过考古发掘找到了几处古窑遗址，证明这里是古代龙泉东区重要的青瓷窑址之一。

然而，就是这件出身寒微、身世朦胧的器物，乍一亮相，就赢得了当时国内陶瓷专家的一致赞许和推崇，正所谓"英雄不问出处"。

1966 年，浙江省轻工业厅、浙江省文物管理委员会、北京故宫博物院 3 家单位计划联合编著出版新中国成立后第一本关于龙泉青瓷的专业性图录——《龙泉青瓷》。经过多次甄选，最后共有 85 件古代龙泉窑青瓷文物被选入该图

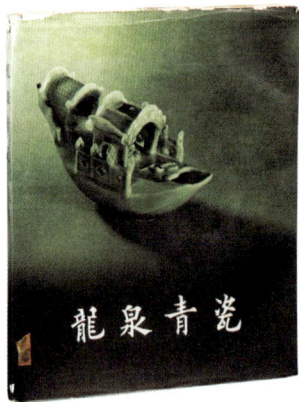
《龙泉青瓷》图册书影

录，它们是从全国范围内挑选出来的精品中的精品，除了浙江各地的文博收藏机构以外，还包括北京故宫博物院、上海博物馆以及安徽、福建、南京等重要文博机构的收藏，其中北京故宫博物院入选文物达 40 件，多数是清宫旧藏，数量几乎占了一半。正是在这样一场强手如林的全国海选中，这件龙泉青瓷舟形砚滴一鸣惊人，不但入选而且荣登榜首，更是被选作图录的封面文物，一举成为世人关注的明星。从此，它作为龙泉窑青瓷的杰出代表而为世人所熟知。

如果说这一次当选"封面明星"是龙泉青瓷舟形砚滴辉煌星途的起步，那么改革开放后的"标王"身份则一举将它推到了荣耀的顶峰。

1993 年，浙江省博物馆计划举办首次浙江古代青瓷专题的海外文物展览，选择馆藏各个历史阶段和著名窑口的青瓷文物和部分标本组成一个反映浙江古代青瓷生产历史和工艺成就的展览，与香港大学合作，在冯平山博物馆展出。在这次重要的展览中，这件舟形砚滴又创下了一个第一，即它的保险费用是全部 90 件展览文物中最高的，堪称标王。根据参与这次展览的工作人员回忆，当时考虑到这件文物太珍贵了，担心它的安全和报批难度，浙江省博物馆方面一度有放弃展出舟形砚滴的念头，是香港方面的坚持并为它提供了最高额度的保险费用后才得以成行出境的。

在此之后，这件舟形砚滴又一再收获殊荣。1999 年是浙江省博物馆成立 70 周年的大庆之年，博物馆考虑设计制作一批馈赠中外嘉宾的礼品。计划从馆藏的近 10 万件不同质地的文物中挑选出一件最具历史和艺术价值的宝物，以此作为母本进行高水准的限量仿制，铭刻上"浙江省博物馆建馆 70 周年"的纪念文字，以此作为建馆 70 周年的见证和礼品。舟形砚滴再一次通过层层筛选后脱颖而出，成为此次礼品制作的母本。文物选定后，博物馆请到了国家级工艺大师亲自负责对舟形砚滴的仿制设计和烧制。

礼品一问世，不仅得到了当时前来道贺嘉宾的喜爱，眼下还成为收藏界的新宠。舟形砚滴一时成了浙江省博物馆的形象代言，荣耀盛极一时。

10 年过去后，在浙江省博物馆建馆 80 周年之际，舟形砚滴毫无悬念地高票当选"馆藏十大镇馆之宝"。它的盛名和荣光非但没有因为时间的流转而退去光华，相反，得到了世人越来越多的肯定和珍爱。

瓷艺巅峰，人文渊薮

这件体量不大的龙泉窑青瓷舟形砚滴，为什么有如此魅力，雅俗共赏，人见人爱呢？归纳起来，就因为这件舟形砚滴是"瓷艺之巅峰，人文之渊薮"。

首先，让我们来看看它折射出来的巅峰瓷艺。

龙泉窑因为它的中心产区在浙江西南山区龙泉境内而得名，是继越窑青瓷后中国传统青瓷工艺的集大成者。

北宋靖康之变后，宋室南渡定都临安，社会趋于稳定，为龙泉窑的发展赢得了机遇。而宋室南渡带来的大批以北宋汝窑、北宋官窑为代表的先进制瓷工艺和浙江固有的越窑的优秀传统贯通融合，给龙泉窑的青瓷生产注入了新的活力，这种南北青瓷工艺的碰撞与融合，为龙泉窑的发展带来了条件。在机遇面前，具备了发展条件的龙泉窑在南宋中后期至元代进入了它的鼎盛期，形成了自己独特的风貌，开始引领一个时代的瓷韵和风骚。

舟形砚滴正是龙泉窑青瓷在这一时期的杰出代表。

　　舟形砚滴的成形方式一眼望去就知道无法使用常见的"轮盘拉坯"法来制作，因为用"轮盘拉坯"制作的器物横截面必定是圆形的。在瓷器生产上有"一方顶十圆"的说法，说的就是那些不能用"轮盘拉坯"制作的器物在制作难度上要远远大于那些"拉坯"的。舟形砚滴以具象的实物为参照，有着船的尖头翘尾，有着不规则造型的亭式船舱和尾棚，更有雕栏与人物，可以想见在整件器物的制作上，绝大多数时间都只能依靠窑工那灵巧双手的捏制和堆塑，这对工匠的制作技艺提出了极高的要求。联想到"没有金刚钻，别揽瓷器活"这句俗语，由这件砚滴望见窑工精绝的手艺也就不是难事了。

　　舟形砚滴周身肥厚且莹润的青釉被人形象地称为"粉青"色，品质精细美观。为了达到这一人们苦苦追求的色调，龙泉窑的窑工们大胆尝试，改进了制釉、配釉的方法，在越窑传统的石灰釉的基础上创制了石灰碱釉，使得青釉中氧化铝的含量较过去大大减少，而氧化钾、氧化钠的含量显著提高，具有厚而不流、气泡不致变大和光泽柔和的特点。同时，充满智慧的窑工们创造性地采用了素烧和多次上釉相结合的方法，配合石灰碱釉的特点，让瓷器表面的釉层明显增厚，从而让釉质更显得滋润如玉，创造出以粉青、梅子青为代表的精美釉色。在胎料的配制上，龙泉窑的窑工则在坯料中掺加适当的含铁、含铅较高的紫金土，即运用瓷石加紫金土的二元配方。在胎料的加工处理上，进行一系列粉碎、淘洗、沉淀、搅炼和压滤等复杂工序，使得胎质细腻致密。由于在瓷胎中加入了适量的紫金土，胎色白中泛青，而利用烧成后冷却时二次氧化的原理，器物露胎部分往往呈朱红色，即所谓的"朱砂底"，它与碧绿的釉对比鲜明，相得益彰。施釉方法上，由于舟形砚滴玲珑剔透的造型，无法使用单一的方式对器物施釉，只能把器外蘸釉、器内荡釉和局部淋釉等多种方式统统用上，才能在如此复杂的器物上均匀地施上青釉。否则厚薄不均的釉面或者局部裸露的胎骨都无法成就它无与伦比的美。

另外，青瓷对于烧制气氛的敏感也是棘手的问题。局部不稳定的气氛会对瓷器的颜色甚至是质量产生致命的影响。为此，龙泉窑的窑工们对窑具和装烧方法也进行了很大改进。特别是使用了精致的匣钵创造出了局部稳定的小气氛，很大程度上保证了生产出来的瓷器的品质。同时，对龙窑结构、燃料种类以及封火等环节都进行了改进。比如龙窑多数为半地下建筑，斜度控制在 10～20 度，窑身缩短至 40 米左右，窑内大小匣钵掺杂摆放，火路疏密有致。这些努力都旨在保证烧窑时有效地控制和利用热量，使窑温迅速提高，窑内温度均匀、气氛一致。

正因为有了这样的技术改进为瓷器生产保驾护航，龙泉窑的窑工才能为我们呈现出舟形砚滴那完美的艺术效果，成就那巅峰的瓷艺。

这件舟形砚滴在兼顾实用的同时，还充分考虑到了使用者——文人的审美情趣，将器物制作得极富人文情趣，让人浮想联翩。

回神细细观察这艘瓷舟的造型，如果说中间的亭式船舱是为客人设计，可把酒迎风，赏两岸美景，亦可品茗手谈，密友秘会。那么船尾的设计，则是船工遮阳避雨的处所。一切设计都来自于南方江河湖泊中行驶的船只实物，惟妙惟肖。

而船上人物共有三个，两位客人在舱内，或言是一对男女在幽会，正窃窃私语，所谓"但得心自逍遥，万物于我何加焉"。仔细看船工的装扮，身上的蓑衣以及正探身去取的笠帽让人不难想象当时细雨绵绵的景象。此情此景配以器物的"粉青"色，营造出一派"春水碧于天，画船听雨眠"的迷人场景，想来船舱中的男女一定倍感温馨与浪漫。

　　船舱中的两人，也可想象为雅士相约，乃苏东坡夜游赤壁，山高月小，水落石出，波澜不惊，清风徐来，演绎的是一段脍炙人口的名人典故。船工的衣裙正飘向船尾，表明这时船泊江心，有微风从船头轻轻吹来，那是何等的良辰美景、赏心乐事！第一次夜游赤壁的苏东坡与共行的好友一边吟诗一边斗趣，有说有笑。不知不觉二人酒已过量，倒头就大睡起来。第二天，酒醒后的苏东坡回忆起昨晚的游趣，以记述的手法，赋的体裁，在微笑中完成了名篇《赤壁赋》。

　　可以说船体与人物的关系，是实与虚、具象与想象的关系，而且将这种关系比例把握得恰到好处。让人在感叹它巅峰瓷艺之余，也让人浮想联翩，有极强的情景感和代入感，让舟形砚滴在同时期的瓷塑

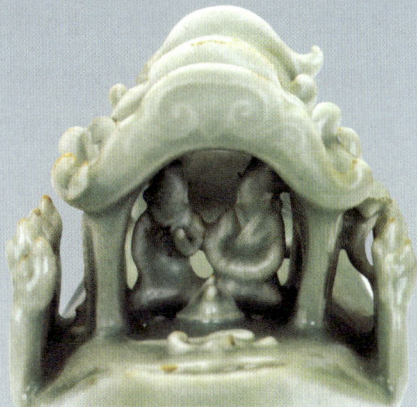

龙泉青瓷舟形砚滴各
角度细节

作品中显得尤为卓尔不群。

赵宋以降，即是元，华夏民族的文化正是登峰造极的时候。作为文房用品的瓷砚滴，在当时是经济地位和文化层次都处于高端的人士才能使用的高级瓷器，因此这类产品的文化追求和审美理想往往集中体现了这一时代的人文价值和艺术水准，表现出了"端庄杂流丽，刚劲含婀娜"的韵味，通过丰润精美的釉色，追求"疏淡含精匀"的艺术境界。

瓷器在发明不久，便同文房用品结下了不解之缘。以越窑青瓷为代表，在魏晋时期，便大量生产诸如砚台、水盂等文房用品。入宋以后，文人气息越来越浓，书房不仅仅是寒窗苦读和为官办公的场所，更是修身养性、醉心于翰墨丹青的雅舍，其布置陈设强调体现主人的人文涵养和高雅性情。至元代，汉人低微的地位让众多文人郁郁不得志，在"穷则独善其身，达则兼济天下"座右铭的感染下，只能寄情山水与笔墨之间，浸淫翰墨，舞弄丹青。

文房用品对于文人来说更是朝夕相伴、舒展情怀的绝佳道具。这时砚台已普遍采用石质的，如端溪紫砚。而水盂则渐渐销声匿迹，变为砚滴。

水盂和砚滴，其功能有类似之处，即为和墨添水，但前者是被动的，主人用笔涵水后添加到砚台中，或端起来倒，因此既麻烦又不卫生；而砚滴则有机巧的设计，往往有两个孔口，分别为注水口和控制口，给砚台加水时，主人用手端起砚滴，并用一指按住后面的圆孔，需注入水量的多寡缓急完全可由这手指按捺的轻重启合来做精确的控制。正因为此，砚滴风靡一时，大行其道。可以想象，主人在构思诗文、营造意境之时，他会搁下笔，然后端起案头的砚滴给砚台磨墨添水，同时借此给精神以一种栖息，或遐想金榜题名、洞房花烛等人生美景，或酝酿锦绣文章和书画佳作。因此，这一时期的砚滴与过去相比有很大的进步，往往在重视实用功能的前

越窑青瓷兔形砚滴

三国（220—280年），高10.1厘米，口径2.2厘米。1977年浙江上虞联江帐子山窑址出土。砚滴背负圆管状进水口，双目圆突，前肢捧钵做饮水的姿势，腹部微凸，前置的双腿与后一腿正好构成鼎立的三足。兔象征月亮，将砚滴做成兔形，寓意团圆吉祥。

越窑青瓷三足蟾蜍砚滴

北宋（960—1127年），长10.4厘米，高6.7厘米。现藏于慈溪市博物馆。人间蟾蜍四腿俱全，而传说月宫中的蟾蜍却是3条腿的。用3条腿的蟾蜍作为砚滴的造型，含蓄深邃，隐含着文人"蟾宫折桂"的美好意愿。砚滴造型逼真，制瓷者捕捉了蟾蜍瞬间的动态，以其娴熟的技法惟妙惟肖地刻画了悠然自得的蟾蜍形象。

宋代诗人刘克庄有《蟾蜍砚滴》云：铸出爬沙状，儿童竞抚摩。背如千岁者，腹柰一轮何。器蛟瓶罂小，功于几砚多。所盛涓滴水，后世赖余波。

　　"一方水土养一方人"，龙泉的先民在这块蕴含千年文化的土地上，借助大自然的生命色——青绿色，制作出被世人称之为青如玉，明如镜，声如磬的青瓷艺术品。其高贵的品质，象征晶莹清澈、温润敦厚的高尚人品，从而陶冶人们的心境。其造型端巧精简，釉色晶莹剔透，充溢自然生机，达到了"绚烂之极，复归平淡"的高层次高品位的审美境界，实现了国人的审美理想。这样的"一方水土"在未来还将滋养"四方人"，为都市丛林中的人们带去自然之气和自然之美。

柳如是白端写经砚

明（1368—1644年），纵19厘米，横12.5厘米，高3.3厘米。1956年朱家济先生捐赠。白端砚石色洁白如雪，莹润如玉，纤尘不染，在以紫色为主调的端砚家族中，别具一格，是琢制朱砚的上乘砚材。此砚的砚池与砚堂之间浮雕一躺卧回首的牛形，砚底内凹，刻篆书"柳如是写经砚"。

柳如是（1618—1664年），嘉兴人，明末清初名妓，被誉为"秦淮八艳之首"。她的画娴熟简约，清丽有致；诗擅近体七言，分题步韵；作书得虞世南、褚遂良笔法，后人赞其"铁腕怀银钩，曾将妙踪收"。留有不少逸事佳话和颇有文采的诗稿尺牍。

提下，对造型设计十分讲究，写生状物逼真生动，其题材多为清雅的人文典故，寓意美好吉祥。亦即是说，这时的砚滴已升华为文房案头的清供雅赏，是一件纯粹的瓷塑艺术品。

对于这样的艺术品，我们应当意识到它们的前期设计和后期烧制是相分离的。具体而言，需要一款什么样的砚滴，它的题材寓意、造型规格、胎釉品质乃至价位几何，所有这些前期事项，均由消费者本人也就是这款文房用品的主人在事先详细并明确地提出来，而制瓷工匠只要按照其设计要求去照章烧制就行了。正是这样的缘故，在考古出土的宋元龙泉窑青瓷砚滴中，没有发现一款雷同或类似的作品，它们一件件皆脱尽匠气和俗气，品性独具，清雅可人，是一个个曾经高贵鲜活心灵的物化和寄寓，舟形砚滴正是其中的佼佼者。面对这样的极致之美，我们除了赞叹和倾倒，还能做些什么呢？

"一部中国陶瓷史，半部在浙江；一部浙江陶瓷史，半部在龙泉。"这是中国考古界先驱、有着"中国古陶瓷研究之父"美誉的陈万里先生对龙泉青瓷的高度评价。2009年9月30日，龙泉青瓷传统烧制技艺成功入选人类非物质文化遗产代表作名录，成为全球第一而且也是唯一入选的陶瓷类项目。

16 十里红妆女儿梦

——清末民初宁波"万工轿"

名　　称：宁波"万工轿"

文物级别：暂未定级

类　　别：漆器

材　　质：木、丝、玻璃组合

年　　代：清末民初

规　　格：长150厘米，宽90厘米，高275厘米。

推荐理由：该花轿是朱金木雕最杰出的代表，也是目前发现的最豪华的一顶花轿。

宁波花轿"万工轿"是朱金木雕最杰出的代表。木雕彩轿，朱漆泥金，犹如一座黄金造就的宝龛，玲珑剔透。轿子圆雕、浮雕和镂雕层层相叠，朱金相间，配上彩绘的镜片玻璃和艳丽的宁波盘金绣轿衣，还有各色精致的小宫灯，使整顶轿子显得格外富丽堂皇。制作时采用传统的榫卯连接技术，能做到轿子在组装的过程中无须使用一枚钉子。由于轿子工艺复杂并且装饰繁复，工人们制作这样的轿子需耗费近一万工时，"万工轿"的名字也由此而来。

这顶万工轿重量在200公斤上下，由8人肩抬，是名副其实的"八抬大轿"。花轿的轿顶由5座大小不等的牌楼组成，称"五岳朝天"，有崇高之意；中亭顶上站着一个面目狰狞、手擎毛笔的文昌君正做"魁星点斗"状，有文运昌盛之意；亭角是群龙无首，飞檐翘角则为凤凰展翅；轿檐则由16块刻着《三国演义》人物故事的朱金花板组成，每块花板下悬挂金银彩绣排穗，与朱金花板相互辉映；轿身围以麒麟送子、百子喜庆等彩绘玻璃。此外，圆雕戎装跃马的各路护卫神祇布满上下，全轿250多个千姿百态的各色人物，栩栩如生。这一切都让它成为现存最豪华的一顶花轿。

豪华的花轿——天下第一

咚咚咚，锵锵锵！
马来哉，轿来哉，
王家嫂嫂抬来哉。
一杠金，一杠银，
陪嫁丫头两旁分。

　　江南的一个小镇上，人们会集到中心的小街上，只因为这里店铺最多，生意最好，吃穿用一应俱全，用今天的话来说，这里可以算得上是一站式购物中心。南货店、布店、茶水店等林立在小街两旁，似有生命一样在呼吸着，呼出一些满载而归的人，吸进一些满怀购物欲的人。就在这种呼吸之间，小街变得越来越拥挤。

　　只见红石板铺成的小街尽头，出现了两盏巨大的高灯，原来是一支迎亲队伍，街上的众人及杂货铺、豆浆铺、南货店的伙计们都已涌到小街两旁驻足观看，当铺、药店的账房们纷纷从柜台内探出头来张望，三五成群的妇女则指指点点交头接耳，性急的小童则忽左忽右地朝鼓乐声中奔去。

　　渐渐地，随着鼓乐声的逼近，迎亲队伍出现在了人们的视线当中。当人们定睛后发现这支迎亲队伍竟然一眼望不见尾，他们惊喜地意识到即将出现在眼前的就是难得一见的"十里红妆"。

所谓"十里红妆"，就是旧时富家大户嫁女的嫁妆及发嫁妆的场面。旧俗在婚期的前一天，女家将置办的奁具（通常是指盛梳妆用品的盒子，也常引申为嫁妆的意思）雇挑夫送往男家，俗称"发嫁妆"。这是长期以来汉族婚俗中的重要组成部分。从现存的实物资料来看，"十里红妆"最主要流行于清末民国初期，在宁波、绍兴、台州、舟山一带的浙东地区盛行。当时的人们常用"良田千亩，十里红妆"形容嫁妆的丰厚。

地处江南的宁绍平原一带的"十里红妆"一般指的是嫁妆无所不有，也被称为"全铺房"或"满堂红"（嫁妆的多少根据女方和男方的经济实力可分为几种，除了"全铺房"，依次还有"十二箱四橱""八箱两橱""六箱一橱""四箱一桌一橱"，最少是"四箱一桌"），包括木器（卧室和客堂的全套用具）、瓷器、竹器、被褥（又称"铺陈"）、首饰等，几乎囊括日后生活中要用到的所有东西。这里面唯独没有床。在当地人眼里，床不仅仅是每天睡觉的卧具，更重要的是一种传宗接代的载体，所以婚床必须由男方置办，也就不会在嫁妆中出现了。这样的嫁妆配置在当时并不常见，是最为铺张的一种规模了，上了这个档次的嫁妆，其主人非富即贵。正因为如此，在宁绍一带，常可以听到妻子理直气壮地说，她是"十里红妆嫁过来，八人大轿抬进门"的，那是她的脸面，体现着她的尊严。显而易见，"十里红妆"可不是一般人家随随便便置办得了的，说明其娘家有殷实的家财和显赫的权势；而"八人大轿"与"十里红妆"相对应，也不是谁都用得上的，这"八人大轿"可是"十里红妆"中最重要的部分，丝毫马虎不得。

在浙江省博物馆武林馆区的三楼"十里红妆"展厅中就有一顶这样的"八人大轿"，一顶人人惊叹其繁缛、感叹其精致、艳羡其奢华的新婚花轿。

目前，上海历史博物馆、宁波报国寺古建筑博物馆、宁波天一阁（现宁波博物馆展出）都收藏有"万工轿"，与浙江省博物馆收藏的"万工轿"相比，雕刻制作上略逊一筹。而苏州民俗博物馆、宁海十里红妆博物馆等地都有宁波花轿，但都是仅有浮雕或镂雕花板装饰，并非宁波"百子轿"。目前国内众多民俗博物馆展示的花轿，大多是从宁波征集的。

它正是在 2009 年浙江省博物馆公开评选"馆藏十大镇馆之宝"时吸引最多世人目光的——清末至民国初期的宁波"万工轿"。评选的结果不出人们的意料，宁波"万工轿"毫无悬念地当选为浙江省博物馆"馆藏十大镇馆之宝"。作为"镇馆之宝"俱乐部的 10 位成员之一，越来越多的曝光，让"万工轿"成了人们心目中对于"奢华"一词的全新注脚,让众多年轻的姑娘羡慕起那些坐过如此精美花轿的新娘,也让坐过花轿的老奶奶回忆起了当年做新娘时的闹猛劲。

花轿是一种传统的婚仪交通工具,是迎亲仪仗队的重要组成部分,也是"十里红妆"不可或缺的一件器物,不仅仅因为花轿里坐着迎亲的主角——新娘子,更重要的是宁波花轿那金碧辉煌的装饰效果,让宁绍地区婚俗中的迎亲队伍显得那么的奢华和与众不同。

浙江省博物馆收藏的这顶宁波"万工轿"与其他各地的花轿在结构上大同小异,为木制,由轿阁和轿杆两部分组成。各地的花轿都在轿身的多处使用红色绸缎覆盖装饰,上面绣着"和合二仙""龙凤呈祥"等各种寓意吉祥的纹样,披红挂彩,华丽而喜庆。在以前,花轿的好坏最能显示主人的身份,所以宁波人特别讲究花轿的档次,根据花轿上雕饰人物的多寡及工艺水平,宁波花轿可以分为头号、二号、三号、四号4个等级。头号轿上雕饰的人物最多,所以又被称为"百子轿"。浙江省博物馆收藏的这顶"万工轿"就属于头号轿,因为这顶花轿工艺精湛,特别精致烦琐,制作这顶花轿花费了近万个工时(通过折算,如果整顶花轿都由一个人来制作,那么需要30年才能完工)。当然,像浙江省博物馆这样极度奢华的花轿是绝不多见的,甚至可以说是目前世界上发现的最豪华的一顶花轿。

这顶"万工轿"木质雕花,朱漆铺底,金箔贴花,远远望去金碧辉煌,犹如一座黄金宝龛。当我们一眼看去,想必即刻就能明白这近万个工时都花在哪里了,因为轿上采用圆雕、浮雕、透雕等多种工艺手法进行装饰,雕有250多个人物,其中最小的人物仅1.8厘米高,另有花鸟虫兽无数,仅仅轿顶部分雕刻的装饰件就有上下7层之多。一组组或圆雕或浮雕的人物组成了天官赐福、麒麟送子、魁星点斗、八仙过海、渔樵耕读、木兰从军、昭君出塞等吉祥主题和历史典故。至于轿身四周，许多逼真的"小戏台"上还上演着《浣纱记》《天水关》《铁弓缘》《水浒传》《西厢记》《荆钗记》《拾玉镯》等戏文。

24 只凤凰、38 条龙、54 只仙鹤、74 只喜鹊、92 只狮子和 124 处石榴百子等，表现了龙凤呈祥、榴开百子、喜上眉梢等常见的喜庆图案。轿上还有各色精致的小宫灯、小铃铛，还有镜片和玻璃画。随着轿子的行进，"小戏台"上的人物一摇一晃变得活灵活现；小铃铛不停地叮咚作响，像是为"小戏台"上的人物配着乐；轿身上的玻璃画及金箔在阳光的照射下交相辉映，光彩四射，让人眼花缭乱，是一幅何等华贵、富有情趣的场面。更让人惊叹的是，整顶轿子以及上面的雕刻装饰品都采用榫卯结构联结，没有使用一枚钉子，各部分都可以拆卸，拆卸成几百片花板。2009 年 10 月，正值浙江省博物馆武林馆区新落成开放的前期，为了让"万工轿"以最好的姿态展现在世人面前，博物馆工艺部一众工作人员曾对"万工轿"进行了一次拆卸和清洗。据工艺部主任范珮玲女士回忆，当时仅仅拆卸这顶轿子就用了两天的时间，且拆卸的工作都由她一人亲自完成，因为多年的研究让她对于"万工轿"的结构和零件烂熟于心，用她自己的话说，"轿子一共有 400 多个部件，而且一些部件极其相似，不熟悉它的人不小心会拆坏的"。拆卸后的清洗工作让工作人员付出了极大的耐心和精力，他们用棉签蘸着酒精一点一点擦拭掉各个部件犄角旮旯中沉积了 30 多年的灰尘，整个清洗工作历时近两个月才完成。最终，经过这次清洗，"万工轿"焕然一新，呈现出了本该有的灿烂与夺目。现在走进过浙江省博物馆武林馆区并亲眼看到过"万工轿"的人们是幸运的，因为出现在他们面前的"万工轿"正处在过去几十年中最华美、耀眼的状态，宛若新生一般，格外光彩夺目。

天价的租费——5000 斤米

　　面对如此豪华的花轿，总有人会感叹只有皇家才配用得上。其实这是一顶清末民初宁波彩结赁器店（赁器店是出租婚丧喜庆用具的店铺）用于出租的花轿，至今在"万工轿"的轿杠上还可以看到"聚成号"的轿行名称。这样的误解完全可以理解，毕竟轿子的豪华程度摆在这儿。可出租给民间人家使用的花轿是否太过于豪华、气派了，不怕有犯上之嫌吗？因为纵观历史，据说在女子出嫁时，没有一个地方的新娘可以乘坐富丽的大红花轿，穿戴华丽的凤冠霞帔，因为，这是皇宫里的娘娘、公主们的特权。而宁绍地区的浙东女子之所以敢如此排场，相传是由于在南宋时，高宗赵构南逃，被晒谷场上的姑娘救下，许诺回朝后凤辇和銮驾娶她入宫，并以姑娘的蓝印花围裙和黄泥墙为记。半年后高宗派太监前来如期迎娶，结果发现家家都在黄泥墙外挂着蓝围裙，根本找不到当初的那位姑娘。因为姑娘的家人不想女儿入宫为笼，命锁清秋，所以全村相助，以黄泥墙和蓝围裙混淆视听。娶不到救命恩人的高宗赵构下旨，浙东女子尽封王，出嫁时凤冠霞帔，乘龙凤花轿。这是唯有浙东女子出嫁可以乘皇家龙凤花轿的来历，"浙东女子尽封王"的典故，也出于此。不过，也有史学者认为，南宋理宗皇帝的皇后娘娘，是来自台州的谢道清，而当时辅佐朝政的左右丞相贾似道与叶梦鼎，一个是天台人，一个是宁海人，其下还有众多大臣也是浙人，可谓权倾朝野，也许是他们的本土观念与家乡情结所致，才使浙东女子享有如此特权。

像"万工轿"这类宁波花轿如何使用，现在文献资料已无从查考。浙江省博物馆专业部门的专家曾在 1987 年，为筹办"浙江婚俗展览"，专程前往宁波本地调查"聚成号"的情况、花轿的使用情况以及与花轿相关的宁波婚俗。当时，通过 20 余天的调查寻访，以宁波工商联登记的 1951 年近百家公私合营的彩结赁器店会员登记表为线索，采访了所有健在的当年彩结赁器店伙计和一位当年的黄包车师傅，还有数位当年曾经亲身坐过这类花轿的新娘。他们为专家诉说了当年婚礼的盛况以及坐花轿的感受。当时，受访者都已是耄耋老人，尽管有的口齿含混，并且乡音极重，但专家还是有幸真实记录下了清末民初宁波花轿的使用情况和宁波婚俗。

类似于"万工轿"的大花轿都是八人大轿，需要由 8 人来抬，这也是所有轿子中的最高规格了。由于是朱金木雕工艺制成的，工艺繁复，配件极多，所以组装叠加后的轿子自重很大，导致了在使用这类花轿时还需要另配几人做替换及负责拆轿、扶轿。

为什么要配拆轿的人？

这类花轿是由几百片花板组装而成，没有明显的轿门。所以，只有把花轿前端的几十片花板拆卸下来，新娘才能进去。当然，等到了夫家，还需要再拆一次才能让新娘出来。所以拆轿师傅是必不可少的。

那扶轿的人又是干什么的呢？

"万工轿"主要的装饰集中在轿子的顶部，空轿时，花轿头重脚轻，极易倾覆，所以需要有一个人扶住轿身，以免失衡。

花轿抬着走时非常高大，很容易被前面的树枝和电线钩到，所以必须有一位师傅用叉子把挡路的树枝和电线叉开。轿子后方的 4 位抬轿师傅由于看不到前方的台阶等路况，就由清障的师傅一路上用押韵和吉利的暗语，告知上桥、转弯、有台阶等路况。

一路上鼓乐齐鸣，爆竹声声，转弯鸣锣，过桥放铳。无论多远，晚饭前新娘子一定要抬进门。如果结亲的两家距离不远，就只需备两人以供替换，一个人负责拆轿和扶轿，再有一个人负责挑树枝并大声喊着"口令"引路。如果路远，就在出了城门后，到行人不多的地方，把轿顶拆下来，由一个人扛着走；临近新娘家，在路人多起来之前，把轿顶再装上便是。根据宁波婚俗，无论多远，花轿坐上新娘后中途都不能停歇，所以还需另外 8 人替换着抬轿。这样算来，服务于这顶花轿的人，最多时可以达到近20 人。

很多人羡慕着旧时坐在花轿上的新娘，想来坐在轿子上一摇一晃是很舒适惬意的事。但事实上并非如此。旧俗有讲究，无论行轿时多么颠簸，坐在轿子里的新娘都不能离凳，否则过门后会不安稳，甚至以后会改嫁。而多数轿子中没有舒适的坐具，有的只是一块简单的搁板。所以当时很多新娘坐在轿中只能用双手像抓住救命稻草般紧紧抓住这块搁板，如果一通长途下来，必定全身酸软。这其中的辛苦也只有当事的新娘才能体会了。与之相比，浙江省博物馆收藏的这顶"万工轿"内部脱俗地使用了一把小椅子，这样，新娘在轿子行进的过程中就可以轻松地抓住椅子的扶手来固定身姿，人也就轻松许多了。这样的配置在当时堪称豪华，是极富人性化的设计。

前面提到过，这类宁波花轿是赁器店用来出租的，不是某私家拥有的。旧时的宁波有很多服务于婚礼的赁器店，办喜事的人只要出一定的租金，就可以把婚礼办得又气派又喜气。根据专家的调查，宁波市工商联 1951

年的赁器店会员登记表上，仅花轿赁器店就有 15 家，而且未登记的更多。当时宁波稍好的花轿赁器店都有头号轿。据当年花轿赁器店的伙计回忆，一般租用头号轿大约需要 1500 斤米。

为什么收费用大米来计算呢？由于米价是农业经济中较稳定的比较体，因此可以作为参照物来计算物价，例如古时官员的薪俸多以粮食计算。这花费在当时足够一个小户人家过上好几年的了。至于租用浙江省博物馆收藏的这种"万工轿"，则要 5000 斤米，想来只能用奢侈形容了。

另外，如果用头号轿，肯定要配备相称的仪仗队，所需费用可以想见必定也是一个天文数字，所以"万工轿"不是一般人家租用得起的。

即便租借费用堪称天价，但租用这类"万工轿"仍然需要提前一年预订，提前 6 个月只能租用到二号轿。当时宁波富商林立，富家办婚事争相比富，讲究排场，直接抬高了花轿的租用价格，当地的富庶程度可见一斑。

多而细的讲究——婚俗掠影

约定的迎亲日当天，新娘早早起床，但就是懒于梳洗，不愿起身，经人多次催促才勉强梳妆。当然这不是新娘真懒，而是新娘装出来的。当地的旧俗称为"催上轿"，表示新娘与娘家感情深厚，恋恋不舍。

当迎亲花轿将到女方家时，女方放鞭炮迎轿，随之虚掩大门，称"拦

高 灯

民国 (1911—1949年)
宽35厘米，高180厘米。

朱金木雕轿前担

清 (1644—1911年)，长47厘米，宽39厘米。轿前担是杠箱的一种，迎亲仪仗中成双出现，一个内盛为新娘预备的吃食，另一个内盛为闹洞房的人准备的糖果和糕点。

轿门"，等迎亲人塞入红包，方才开门。花轿停放时必须轿门朝外，女方有人点燃红烛、手持镜子向轿内照一下，以驱逐轿内冤鬼，称为"搜轿"。

出嫁前新娘要吃"上轿饭"，这是新娘出嫁前在娘家吃的最后一餐饭。这饭新娘要坐在母亲腿上吃，并由母亲喂吃，以示重温母亲的养育之恩。新娘必须吃得慢，越慢越表示姑娘对娘家的依依不舍。

新娘不能自己走上轿，要由娘家的哥哥（或堂兄弟）抱上轿。这种风俗一是怕新娘脚上沾着娘家的财气、势运到夫家；二是表示姑娘不愿与父母离别，最后由哥哥强行抱上轿。

女儿上了轿后，母亲必须哭着相送，新娘也必须哭着，而且要一直抽泣着到夫家。到此，新娘才算是接上了，在引轿人的高声呼喊下，花轿徐徐被人抬起，出发前往夫家。

当迎亲队伍进入人们视线的时候，往往最先被人看到的是两盏巨大的高灯，由两个人高高举着，灯上用醒目的字标明男方的姓和堂号（所谓堂号，是指古人选用与自家姓氏相关的成语或典故约定俗成的姓氏别称，如周姓称"爱莲堂"，是因为宋代大儒周敦颐曾作《爱莲说》）。后面紧跟着的是由罗帽（两人抬的旗锣）、龙凤吹（饰有龙凤的笛、箫）、小堂名（胡琴、唢呐等组成）组成的鼓乐队。鼓乐队后面还跟着两个"耀武扬威"（就是两个逗乐的小丑）。笛箫齐鸣，鼓乐喧天，将婚庆的气氛推向高潮，所到之处无不欢声笑语。

紧随其后的，又是与之前相似的一整套仪仗。不同之处在于后面这套仪仗的高灯上写的是女方的姓和堂号。一看两家的姓和堂号，人们便知道大婚的男女两家都是哪里的大姓豪富。

两套仪仗后面跟着的是轿前担，"万工轿"紧跟在轿前担的后面，而在花轿后还有一顶小轿，里面坐着新郎的兄弟，充当压轿人。

小轿后面跟着的才是浩浩荡荡的嫁妆队伍。在这支队伍最前面的是一对子孙桶，后面是装满12只杠箱的被褥枕头。通常嫁女，4只杠箱的被褥足矣，12杠是超豪华的了。男方婆婆得知后会给儿子准备56床被褥，以胜过女方，这样两家加起来的被子能堆满几间屋子。

这后面就是各式日常家具和细软了，装满了数不尽的大小杠箱。这中

朱漆素纹椭圆形子孙桶

清末民初,长口径49.5厘米,短口径34厘米,高55厘米。外观与普通的马桶相似,实际是由直口桶和宽沿脚桶上下叠装而成,是旧时女子生孩子时用的,放在嫁妆的最前面,寓意早得贵子。

光绪七年款杠箱

清光绪(1875—1908年),长90厘米,宽66厘米,高110厘米。杠箱是抬嫁妆的工具。如放被褥枕头则被称为"铺陈"。杠箱的两侧有"石庆寿会""光绪柒年"(1881年)款。敞开式杠箱更能炫耀红妆的琳琅满目。

乾隆四十三年款杠箱

清乾隆（1736—1795年），长94.5厘米，宽62厘米，高105厘米。有套盒的杠箱用于婚庆仪仗中抬食物或衣服鞋履、金银细软等小件物品。此杠箱有4层套盒，通体髹红漆，盒上有"乾隆四十三年"（1778年）、"京兆公共号"墨书款。制作精美，装饰华丽，体现了清代中期"太平盛世"的气魄及高、精、雅的时代特色，是一件罕见的有明确纪年的清中期民间漆器精品。

间各类女红用具是绝不能少的，缝衣织布的工具一应俱全，可谓琳琅满目。之所以女红工具要齐全，是因为女红在当时是衡量一个女人贤惠与否的重要标准，这些女红用具展现的是新娘的贤能淑德。

这等规模的富家嫁妆着实惊人，发嫁妆的队伍常常排列绵延数里之长，那是真真切切的"十里"红妆。发嫁妆往往成为富家大户摆阔夸富的大游行。

以上这些是外人看得到的，富家女还常会陪嫁一些外人看不到的嫁妆，如百亩"状奁田"。这样丰厚的嫁妆，不能不成为小镇茶余饭后的美谈，也成了多少年来待嫁姑娘羡慕和攀比的资本。

新娘的花轿到达夫家后，首先会有街坊邻居用竹竿之类的东西拦在新郎家大门口，不让新娘进门，也叫"拦轿门"。拦门的邻居会提出一些条件，如几斤喜糖之类，直到满足了他们的要求后才放行，这样做是为了表示共同庆贺。拦门的同时，鼓乐齐鸣，鞭炮喧天，迎亲队伍在门前停留一段时间，对外更是渲染了欢庆的气氛，起到了广而告之的作用。因此民间认为没人拦轿门是丢面子的事，会被人误以为邻里不和，或被人看不起。在这之后，载着新娘的花轿才能进夫家的门。

这浩浩荡荡的"十里红妆"，从某种意义上来说，是明媒正娶的代名词，它象征着女主人在夫家的身份和地位。中国古代"夫有再娶之义，妇无二适之文"是司空见惯的，男子常常冷落嫡妻而纳妾宿妓。但就婚姻制度而言，只有谨遵父母之命、媒妁之言，经过明媒正娶的才是妻子，其他的女子只能为妾。也只有明媒正娶的妻子才可能有这"十里红妆"的嫁妆队伍，妾是绝对不可能有的。家里满目所及的红妆家具，时时显示着正房妻子的权势和威严，也时时让那些小妾有一种低人三分的感觉。也许这才是娘家置办"十里红妆"的真正用意吧，真可谓用心良苦！

旧时宁波一带民间婚俗讲究多而细，蔚为大观，绝不是这里的只言片语所能囊括的。这里只是选择性地介绍了些婚俗和花轿,或者说和"万工轿"相关的风俗点滴。

不难看出,以"万工轿"为代表的宁波花轿是宁波婚俗中不可缺少的一部分,现在也成为清至民国时期宁波婚俗的重要见证,甚至可以说是奢华的宁波婚俗的代名词。"万工轿"带给老人的是许多美好的记忆,带给年青一代的是对宁波婚俗的无限遐想。